Maria Klausing

Zuweilen bewölkt
Das Wechselbad der Gefühle an der Seite eines bipolar Erkrankten

Manches Mal ist dies ein Kampf,

in dem selbst starke Familien ins Straucheln geraten

und daran auseinanderbrechen können...

Die Heilkräfte der Liebe

sind allen vertraut,

die in der Liebe sein dürfen –

die Liebe wird aber auf einen harten Prüfstand gestellt.

Es reicht nicht nur

eine liebevolle Begleitung im gesamten Familienverbund –

alle „an einem Strang ziehen",

sondern hier bedarf es zusätzlich

eines Netzwerkes unterschiedlicher Fachkompetenz.

Durch Bewahren des gegenseitigen Respektes

kann das Miteinander erhalten werden.

Dazu möchte dieses Büchlein beitragen.

Rupert Krömer

Maria Klausing

Zuweilen bewölkt

Das Wechselbad der Gefühle an der Seite eines bipolar Erkrankten

Bibliografische Information der Deutschen Nationalbibliothek:
Die Deutsche Nationalbibliothek verzeichnet diese Publikation in der Deutschen Nationalbibliografie; detaillierte bibliografische Daten sind im Internet über http://dnb.dnb.de abrufbar.

TWENTYSIX – Der Self-Publishing-Verlag
Eine Kooperation zwischen der Verlagsgruppe Random House und BoD – Books on Demand

© 2019 Maria Klausing

Herstellung und Verlag:
BoD – Books on Demand, Norderstedt

ISBN: 978-3-740754006

Mein Vorwort

Ein gutes Jahrzehnt lang habe ich nun Bernhards bipolare Störung als Partner auf ihrem holprigen Weg begleitet. Welche harten Geschütze diese Erkrankung nicht nur gegen den Erkrankten, sondern auch gegen mich auffahren kann! Denn die so genannte affektive bipolare Störung setzt genau da an, wo wir miteinander verbunden sind: An unserer Gefühlswelt, die sich heftigen Angriffen erwehren muss.

Ich möchte darüber erzählen, in welchen neuen Rollen ich mich durch diese Störung wiederfinde, mit welchen veränderten Situationen ich mich auseinander setzen lernen musste und wie ich ganz persönliche Lösungen für viele neue Herausforderungen finden musste und konnte.

Wie erlebten meine Kinder und ich die depressiven Phasen, wie die manischen? Welche Erfahrungen mussten unsere drei Kinder mit den Veränderungen machen, wie gingen sie damit um? Wie hat unser soziales Umfeld reagiert, wie "behandelten" uns Bernhards Ärzte? Welche neuen Aspekte brachte die amtliche Betreuung in unser Leben? Wie konnten wir lernen, uns den Angriffen der

Krankheit entgegen zu stellen, den Weg für uns gangbarer machen?

Durch Beobachten, Analysieren und Hinterfragen habe ich einige Schwachstellen der Bipo auftun können, wo wir sie erwischen können, wie ihr den Wind aus den Segeln nehmen. Es gibt sicher keine Standardlösungen für schwierige Situationen, denn zu unterschiedlich sind die Komponenten in den Krankheitsverläufen. Ich möchte keine allgemeinen Ratschläge an Sie weiter geben, denn davon bekommt man wahrlich genug. Manchmal hatte ich in schweren Zeiten "die Nase voll" von all den Besserwissern, die doch in Wirklichkeit unsere individuelle Situation gar nicht wirklich beurteilen konnten.

Meine Lösungen fand ich in der Veränderung meiner inneren Einstellungen, meiner Neupositionierung im Umgang mit Außenstehenden, mir Hilfe in mein Leben holen in Form von Menschen oder Gedanken, die mich wieder auftankten. Die bipolare Störung saugte viel Kraft aus mir, die es aufzufüllen galt. Leider war es auch erforderlich, mir Ellenbogen anzutrainieren gegen (Über)forderungen in Form von Pflichten, die mir als Ehefrau von Therapeuten automatisch übergestülpt werden sollten, so aber nicht zu leisten waren.

Ich möchte Mut machen, das Beste aus den neuen Gegebenheiten zu machen, sich aus dem ersten "Unmut" aufzurappeln, sich der Krankheit, die einen sicher auch mal mit "umhauen" kann, mutig entgegen zu stellen. Ein stärkeres Selbstbewusstsein zu entwickeln, damit ich mir als Angehöriger "Gehör" verschaffen lerne und aus meiner zunächst passiven "Leide-Rolle" in eine aktive "Selbstsicher-Rolle" schlüpfen kann.

Die bipolare Störung kostet Kraft, Nerven, Durchhaltevermögen, aber ich konnte lernen, ihr mindestens genauso viel entgegen zu setzen und durch Änderungen meiner Position auch durchaus positive Ausrufezeichen zu setzen.

1. Wechselbad der Gefühle

Als Kind habe ich mir die Viren und Bakterien, die uns krank machten, als winzige Männchen vorgestellt. Mit kleinen Hämmerchen liefen sie für mich in Scharen durch unseren Körper und durch die vielen Einschläge erzeugten sie Hals- und Kopfweh, sie öffneten die Nasenschleusen und durch ihre heftige Energieerzeugung bekämen wir Fieber. So habe ich mir das Phänomen Krankheit leichter erklären können. Irgendwie steckte für mich dadurch ein gewisser Sinn hinter unseren Leiden, denn die Erreger wollten ihren Spaß im Leben und treiben, was sie wollen. Und so ließen sie sich immer wieder Tricks einfallen, wie sie den Medikamenten der Menschen entkommen könnten. Nur mit großer menschlicher List und Tücke konnte man ihnen beikommen. Natürlich weiß ich heute, dass Manches in Wirklichkeit anders läuft.

Ein bisschen meines kindlichen Gedankengutes hat mir im letzten Jahrzehnt, das mich unerwartet mit Bernhards bipolarer Störung „infiziert" hat, auch diese anschaulicher werden lassen. Fünfundzwanzig Jahre waren wir bis zu diesem Zeitpunkt schon als starkes, harmonisches Team zusammen unterwegs gewesen. Bis dato hatten wir es als ebenbürtige Partner sehr gut geschafft, unsere Lebensaufgaben wie Ganztagsberufstätigkeit, Haushaltspflichten und die Betreuung unserer drei geliebten Kinder Lena, Ferdinand und Tobias gemeinsam zu schultern. Nie wäre es mir in den Sinn gekommen, dass unser glückliches Familienleben durch so eine blöde Krankheit Risse bekommen könnte.

Nun, direkt ansteckend ist sie als psychische Erkrankung ja nun zum „Glück" nicht, indirekt aber sicher schon. So wusste sie ganz andere Kaliber gegen uns aufzufahren, als die „Hämmerchen" meiner kindlichen Vorstellungen. Als sogenannte affektive Störung trampelt sie nämlich unbarmherzig auf dem betroffenen Gemüt herum, welches ja bekanntlich die Andockstelle zum Lebensgefährten darstellt. Und genau da trifft sie mich mit: Und zwar unvorbereitet und sehr lange Zeit uns im Unklaren darüber lassend, was da eigentlich sein Unwesen mit unserer Partnerschaft zu treiben begonnen hat. Dabei ist die langsame, phasenweise Entwicklung wohl ganz typisch für die meisten Krankheitsverläufe, so dass man viele Jahre im Dunkeln tappt und daher auch zunächst keine Idee davon hat, warum so Vieles im Zusammenleben sich so unberechenbar verändert.

Um mir die undurchsichtigen Vorgänge besser vorstellen zu können, habe ich mir auch hier wieder einen bildlichen Vergleich konstruieren können: Die Bipo zurrt sich in akuten Phasen wie ein Umhang um Bernhard, aus dem er sich selbst nicht mehr befreien kann und selbst für mich als Angehörige, die ihn zu erahnen beginnt, ist dieser nicht zu packen. Er rutscht mir immer wieder aus den Händen. Ich kann ihm alleine nicht helfen, das clevere, hartnäckige Ding wieder los zu bekommen. Und so machte sich immer wieder ein Gefühl von Hilflosigkeit in mir breit, obgleich ich den Kampf gegen ihn bis heute nie aufgegeben und inzwischen auch manchen Punktgewinn zu landen gelernt habe. Denn auch er hat Schwachstellen, die ich finden kann.

Bernhard selbst konnte ihn, außer in stark einengenden depressiven Phasen, wahrscheinlich nicht wahrnehmen. Das genau ist die Tücke der Bipo. Daher war es entscheidend, ihn gefühlvoll an eine klare Krankheitseinsicht heranzuführen. Und trotzdem er die Erkrankung an sich erkannt hat, heißt das noch lange nicht, dass er die Symptome, die der Umhang clever verschleiert, als solche zu entlarven in der Lage ist. Deshalb wird auch immer Argwohn unser Begleiter bleiben, wenn wir ihm als Familie mit unserem nun geschulten Blick Zusammenhänge vor Augen zu führen suchen.

In der Depression machte der Mantel dicht, Bernhards Gefühle und Emotionen konnten die Barriere zu mir und den Kindern nur noch schwer durchbrechen. Die Signale kamen nicht mehr durch, die Fernbedienung zu schwach. Ich als Partner deutete es leider anfangs noch als Desinteresse, wenn ich mich seines Lächelns nicht mehr wert fühlte oder unsere abendlichen Gespräche sich seinerseits auf wenige genervte Kurzsätze beschränkten. Oder die Toleranzgrenze für meine neuen Interessen und Ideen, die ich zu entwickeln begann, um die entstehenden Leerräume in meinem Gemüt aufzufüllen, gegen Null ging. In der Anfangszeit konnte ich nicht verstehen, dass der Umhang Ursache dafür war und nicht der darunter verborgene Bernhard, der nun andererseits zu sehr mit seinem eigenen Gemüt zu kämpfen hatte, als sich um das Wohlergehen Anderer bemühen zu können. Auch dieses verbarg der Umhang wiederum vor meinen Augen, sodass ich es nicht realisieren konnte.

Eheabstumpfung, Auseinanderleben? Will er sich mir überhaupt zuwenden oder kann er nicht? Das waren so die Gedanken und Fragen, die mir dann durch den Kopf gingen…

In den sich steigernden manischen Phasen legte der Umhang aber mit Kraftdemonstration erst richtig los: Er verselbständigte sich, tat, was er wollte, trieb sein Unwesen auch mit mir, nahm keine Rücksicht mehr auf mich und Andere, man meinte, es ginge darum, die Welt zu erobern! Wie gesagt, der Umhang. Nicht die mitgerissene Seele darunter. Auch dazu brauchte ich eine Zeitlang, es zu verstehen. Und noch mal viel länger, dies als Symptom dieser herausfordernden Krankheit zu akzeptieren.

Das unwirsche Verhalten nicht Bernhard anzuhängen, der hilflos für sich eingenommen wurde. Der Gefangene kann sich des Umhangs nicht entledigen, er versteht von innen nicht wirklich, auf welche Höhenflüge ihn das für ihn unsichtbare Gewand gerade mitreißt. Bemitleidenswertes, armes, körperlich geschundenes, hilfloses Wesen, möchte ich sagen. Für Außenstehende, die ihn nicht so genau kannten, schien es ihm doch aber auch irgendwie wieder gut zu gehen: er war gutgelaunt dauernd auf Tour, besuchte Musikveranstaltungen und jeden sich bietenden Event, knüpfte neue Freundschaften, führte endlose Unterhaltungen, endlich frei von der Einengung der Depression in die eigenen vier Wände!

Eine Mitpatientin seines stationären Aufenthaltes sagte einmal zu meinem Mann: „bei Allem, was die Manie mit mir und meiner Umwelt angestellt hat: irgendwie fühlte es sich doch an, wie die beste Zeit meines Lebens." Für mich als Partner in den meisten Fällen die schwerste Zeit meines Lebens...

Das kann man wirklich so sagen und viele von Ihnen werden mir beipflichten, oder? Denn ich als "Gesunder" bin nicht in der Lage, die Höhenflüge mitzugehen und muss mit realistischem Blick mit ansehen, was durch die Sorglosigkeit alles zerstört werden kann. Menschlich, finanziell, existenziell. Aus mir ebenbürtigem Menschen wird der Ausbremser, Spielverderber, Gegenspieler. Einmal wurde mir erzählt, dass mich Bernhard vor unseren Segelfreunden sogar mal als „asozial" betitelt hatte, weil ich beim manischen Ausfliegen nicht mithalten konnte und wollte. Natürlich war ich mit meinem Normalbenzin nicht in der Lage seinem Superbenzin zu folgen. Solche abschätzenden Bemerkungen über mich kannte ich bisher kaum. Aber diese Zeit war eben nicht "normal", sondern manisch gesteuert. Dies so zu werten und nicht als Unverschämtheit, das ist eine der Breitseiten, die ich inzwischen der Bipo zu zeigen gelernt habe, und ich denke, dass jeder Betroffene, sehr sensibel unterscheiden lernen kann: was entspringt meinem Partner, was seiner Krankheit?

In der Literatur finde ich immer wieder die Aussage, dass Angehörige bipolar Erkrankter ein höheres Risiko tragen, selbst depressiv zu werden. Kein Wunder eigentlich, denn je nach Phase wird man von dem Menschen, der einem am nächsten steht, eventuell mit Gleichgültigkeit, andererseits dann aber durchaus auch mit Ablehnung und vielleicht sogar Aggression konfrontiert. Wie oft musste ich mich mit vielleicht unkonventionellen Hilfen aus diesem Frust, Unverständnis und Hilflosigkeit wieder heraus retten lernen, sonst hätte unweigerlich das depressive Loch für mich selbst folgen können. Vor allem, als ich anfing, mir selbst die Schuld für verfahrene Situationen zu geben. Und der Mensch, den ich in schwieriger Situation an meiner Seite bräuchte, ist gerade total mit sich selbst beschäftigt und dann auch noch die Ursache vieler meiner Sorgen. Zum Glück habe ich auch hierbei bald verstehen gelernt: der Umhang, nicht er.

Als Partner hatte ich natürlich stets die Alternative, für immer Reißaus zu nehmen, mich zu trennen. Aber dann wieder der Gedanke: soll ich mich wegen des Umhanges von dem Menschen darunter trennen, der ja gar nichts für seine „Verkleidung" kann?

Immer ist da doch die Hoffnung und zunehmend auch die Erfahrung, dass er irgendwann befreit wieder zum Vorschein kommen wird. Wir wieder teamfähig sein können wie bisher. Denn Phasen weitgehend normalen Familienlebens folgten ja zum Glück immer wieder auf die schwierigen Krankheitsepisoden. Hätten wir es mit Herzinfarkt, Krebsleiden oder Rheuma zu tun, würde ich dann weg laufen? Was würde ich mir wünschen, sollte mich selbst eine psychische Erkrankung treffen? Ich möchte nicht beschönigen, dass wir es mit sehr herausfordernden Zeiten mit ganz vielen offenen, oft dauerhaft unbeantworteten, Fragen zu tun hatten, die der ein oder andere Betroffene sicher so auch kennt. Aber das Besondere neben diesen Krankheitsphasen, waren die relativ symptomlosen, die uns immer wieder einige Monate Verschnaufpausen bescherten. Und genau hier entscheidet sich für mein eigenes Wohlergehen, ob ich lernen kann, einfühlsam mit meinem zeitweise gekränkten, frustrierten Seelchen umzugehen. Es für diese Zeiten zu stärken, um nicht Gefahr zu laufen, selbst mit nach unten gezogen zu werden.

Der alltägliche Umgang mit einem akut psychisch Erkrankten forderte wahrlich sehr viel von mir und natürlich auch unseren Kindern. Etwas, mit dem ich bisher keine Erfahrung hatte. Zu dem mir zumindest am Anfang das Hintergrundwissen fehlte. Eine Rolle, in die ich mich sehr mühsam und sorgsam einfinden musste. Aber ich habe Möglichkeiten gefunden, mir Hilfe in mein eigenes Leben zu holen, indem ich vor allem meine Einstellung zu vielen Dingen modifizieren lernte.

Es gibt sicher keine Standardlösungen für bestimmte konkrete Fragestellungen der Bipo an mich. Ich möchte Ihnen keine Lösungswörter beibringen, die ja nie passen können, da die Komponenten der jeweiligen Konstellationen total verschieden sind. Ich werde auch keiner dieser Ratgeber mit erhobenem Zeigefinger sein. Denn ich selbst hatte manches Mal genug von diesen ewigen Besserwissern, die in Wirklichkeit keine Ahnung hatten, von dem, was unsere alltägliche Situation betraf. Und dennoch meinten, mich anleiten, verbessern und kritisieren zu dürfen.

Vielleicht kann ich Ihnen statt dessen ein bisschen näher bringen, wie ich die Buchstaben meines persönlichen Lösungswortes kreativ zusammenziehen und arrangieren lernte, die Rechtschreibregeln manches Mal außer Acht lassend, die Grammatik bisweilen ignorierend und die Betonungen anders setzend, um das für uns passende Wort zu finden. Oder auch mal ganz neue Wörter kreierte, die in unsere Situation eine harmonischere Klangfarbe brachten.

Wirkliche Lösungen für mich konnte ich nur in der Veränderung meiner persönlichen Positionierung finden, die es mir ermöglichte, mich Bernhards Erkrankung entgegenzustellen oder zumindest ein Arrangement mit ihr einzugehen. Ich musste mir die inneren Voraussetzungen dafür schaffen, dass es dann äußerlich funktionieren konnte. Wenn ich mit mir selber und den Herausforderungen der Krankheit nicht ins Reine komme, kann ich für den Anderen nicht da sein. Dann stimmt das tragende Fundament nicht und wird irgendwann zusammenbrechen. Aus dieser internen Stärkung heraus, kann ich die äußeren Rahmenbedingungen für ein für beide Seiten tolerierbares Miteinander unterstützen. Getragen von Respekt an den Anderen und an mich selbst.

Dazu habe ich unsere affektive Störung unter die Lupe genommen in all ihren kleinen Alltäglichkeiten. Habe sie studiert, analysiert, auseinander genommen. Darüber möchte ich Ihnen erzählen und wünsche mir, dass Sie sich durch meine Anregungen vielleicht auf ihrem eigenen Weg bestärkt fühlen werden oder Freude daran finden, manches festgefahrene Denkmodell mal neu zu analysieren.

Dass man dabei manches Mal mit dem sozialen Umfeld aneinander geraten kann, auch das habe ich leider erfahren müssen. Bis vor einigen Jahren war es wohl laut der Literatur noch üblich, Angehörigen eine Mitschuld am Ausbruch und der Ausprägung der bipolaren Störung zu geben. Hallo?! Wie ist das zu verstehen? Ich möchte es mal konkret auf den Punkt bringen: Man hätte sich einerseits so abscheulich verhalten, dass der Andere einfach depressiv werden muss? Oder so langweilig, dass der Kranke manisch alleine hinaus in die Welt ziehen möchte? Auf jeden Fall musste wohl jemand Schuld an der Misere sein, und dann natürlich derjenige, der an der Gemütsstelle des Patienten den meisten Einfluss hätte, um diese krankhaft zu zerstören? Toll! Da ist doch wohl was faul dran?

Gegebenenfalls wird der Erkrankte die Situation, aus seiner Sicht sogar zu Recht, mit seinen Therapeuten so thematisieren. In der unbefriedigenden Depression fühlt er sich unterdrückt, weil die Anderen ans Ruder gehen (müssen), in der Manie hingegen mag man den Partner bisweilen als „asozial" ansehen, weil der nicht alle Höhenflüge mitzumachen vermag, die man selbst doch als soooo toll empfindet. Nur kann und darf objektiv die durch den Umhang veränderte Empfindung nicht als Maßstab angesetzt werden, eine Schuldfrage beim Angehörigen zu suchen. Das geht nun wirklich zu weit.

Was wäre gewesen, wenn Bernhard vor vielen Jahren eine andere Frau geheiratet hätte? Wären die Transmitterlevel in seinem Körper dann heute wirklich anders? Und wie passt es zusammen, dass auch Bernhards Cousin, der eine ganz andere Partnerin hat, an dieser Störung erkrankt ist? Also das mit der Schuldfrage möchte ich verständlicherweise für mich so nicht annehmen wollen und würde mir diesbezüglich auch gesellschaftlich ein bisschen mehr Zurückhaltung meiner Mitmenschen wünschen. In dieser Beziehung habe ich mich wappnen gelernt gegen gleichlautende Vorwürfe von "Besserwissern", das war und bin ich meiner eigenen Person schuldig.

Die zahlreichen depressiven und manischen Phasen, die ich mittlerweile mitgegangen bin, haben einige Lernprozesse in mir angestoßen. In Zeiten des Mitleids, der Wut, der Hilfslosigkeit, des „Ohrfeigen"-Einsteckens, was ich nur bildlich meine, körperlich attackiert hat mich Bernhard nie. In dieser Beziehung hat sein fester Charakter die Krankheit im Zaum halten können, was ich ihm hoch anrechne und was durchaus nicht jedem Erkrankten möglich scheint. Die Manie bricht mit vielen Normen des guten Benehmens. Alleine der unbändige manische Rededrang hat sehr oft seine Stimme erheben lassen gegen jeden, der ihn dann zu unterbrechen wagte. Das ist einfach eines der unliebsamen Symptome der Manie und ich habe aufgegeben, dagegen anzukämpfen, weil es einfach sinnlos war.

Auch gesellschaftlichen Fragen habe ich mich krankheitsbedingt stellen lernen müssen wie z.B.: Darf ich es mir vermeintlich gutgehen lassen, wenn es dem Lebensgefährten schlecht geht? Darf ich Distanz einfordern? Darf ich mir Hilfe für mein Seelchen suchen?

Ich habe nach vielen frustrierenden Episoden schließlich eingesehen, dass ich im Besonderen auf mich selbst aufpassen muss, wenn ich für Bernhard da sein möchte. Als schwacher Angehöriger, der sich selbst aufgibt, sich der Krankheit ergibt und aufopfert, nutze ich weder ihm noch unseren Kindern. Das bekommt man wohl so als Standardsatz von vielen Ratgebern zu hören. Aber für das konsequente Umsetzen in meiner speziellen Situation musste ich mir leider immer noch gehörige Ellenbogen antrainieren.

Die Schuldfrage an Bernhards Erkrankung bin ich, wie gesagt, jedenfalls nicht mehr bereit, mir auch noch zuschieben zu lassen. Dafür, dass ich viele Jahre gekämpft habe für die Ausbalancierung schwieriger Lebensphasen. Schuld an der bipolaren Störung ist die genetische Veranlagung, die Natur, der liebe Gott oder wer auch immer für unsere Existenz verantwortlich ist. Oder auch wir alle, die wir uns gesellschaftlich unter immer stärkeren Dauerstress setzen. Aber doch nicht ich alleine, weil ich vor fast dreißig Jahren die Ehe mit ihm eingegangen bin.

Durch sehr viel Nachdenken, Analysieren, Mitfühlen, aber auch infrage Stellen der typischen Verhaltensmuster, die von mir als Angehörigem eingefordert werden, bin ich nach meinen Erlebnissen, von denen ich Ihnen später einige erzählen möchte, zu dem Schluss gekommen, dass wir alle sehr viel tun und ändern können, um ein harmonischeres Zusammenleben von psychisch krank und vermeintlich gesund zu erreichen.

Normen können durchbrochen werden, indem ich mich ihnen auch mal in den Weg stelle und sie zu hinterfragen wage. Das bin ich meinem eigenen Seelchen, nach dem in meinem Falle leider nicht viele Therapeuten fragten, schuldig. Und auch meinen Kindern, für deren Wohl ich in besonderem Maße verantwortlich bin.

So habe ich zum Beispiel erleben müssen, wie wir in schwieriger, manischer Situation von seinen Psychiatern in die Rolle der heimischen Therapeuten hineingepresst werden sollten. Zunächst habe ich, der Harmonie wegen und aus einer gewissen Einfältigkeit heraus, zugestimmt und so wurden wir als Familie einfach mit der Situation rundweg überfordert. Auch davon möchte ich Ihnen im Laufe meines Buches mehr erzählen.

Wir können und wir müssen etwas ändern. Am Umgang miteinander, am Verständnis füreinander, an der einseitigen Sichtweise, nur an den Erkrankten zu denken. Niemand will diesem Hilfe verweigern, aber helfen kann ich nur, solange ich selber stabil auf dem Boden stehen bleiben kann. Es war unbequem mir das "Stopp" zuzugestehen. Es passte nicht in den Therapieplan. Nach diesem prägenden Erlebnis sind Bernhard und ich schließlich den einvernehmlichen Weg des getrennten Wohnens gegangen, der nach langer Zeit nun von den Meisten so akzeptiert wird, da es nicht einen menschlichen Bruch voneinander beinhaltet, wie das erstmal hinein interpretiert wurde.

Ein überfordertes nicht Können wurde zunächst mit bequemen nicht Wollen gleichgesetzt und entsprechend gewertet. Nein, so darf es nicht mehr gehen!

Ich möchte nicht Fakten über das Verhalten des bipolar Erkrankten in den Vordergrund stellen. Kein Erfahrungsbericht der Äußerlichkeiten. Sondern einer der Innerlichkeiten. Hier soll es um mich und meine Familie (und um Sie?) gehen. Die Mitleidenden, die leider immer noch allzu oft in die Nische abgeschoben werden, in der sie aber in Höchstleistung funktionieren sollen. Die wir aber doch eine so entscheidende Rolle in der Stabilisierung des Erkrankten spielen. Was jedoch so oft von der Außenwelt nicht richtig erkannt, noch gewürdigt, noch wirklich helfend unterstützt wird.

Es muss sich etwas ändern, damit ich mich als Angehöriger selbstbewusst und offen mit diesem Problem in die Öffentlichkeit wagen kann und auch gehört und ernst genommen werde. Ich musste meine Einstellung dazu ändern, wie Andere auf mich einwirken dürfen. Unser gesellschaftliches Verhältnis zu psychischen Erkrankungen sollte sich verbessern. Wir können ihnen mit mehr Selbstverständnis begegnen und sie aus der Tabuzone holen, in die sie immer noch gesteckt werden.

Um der Bipo den Wind aus den Segeln nehmen zu können, musste ich sie erst mal kennenlernen. Wie sie funktioniert, wo sie ansetzt, was sie mit uns allen anstellt. Ich meine das nicht auf das Große bezogen, was man etwa als Definition im Lehrbuch findet. Sondern in den vielen kleinen Alltäglichkeiten, im täglichen Umgang miteinander, in den kleinen Schlachten, die sie jeden Tag mit uns ausfechten will. Wenn ich weiß, wie sie "tickt", dann kann ich mich ihr selbstbewusst in den Weg stellen lernen und das Beste aus der gegebenen Situation für den Erkrankten und mich als Begleiter herausholen lernen.

Als betroffene Angehörige und deren Mitmenschen, möchte ich Ihnen von einigen unserer alltäglichen und auch nicht alltäglichen Ausprägungen erzählen. Vielleicht erkennen Sie das eine oder andere wieder, dass sie vielleicht bisher noch gar nicht unserer cleveren Bipo so zuordnen konnten. Wenn ich sie entlarven kann, unsere psychische Störung, dann weiß ich, wo ich ansetzen kann. Wo der Umhang seine Schwachstellen hat, an denen man ihn vielleicht doch mal packen kann.

An selbst erlebten Beispielen möchte ich Mut machen, dass die eingetretenen steinigen Wege auch mal hier und da verlassen werden dürfen und man sich dadurch gedanklich auch mal wieder auf einer schönen Blumenwiese wiederfinden kann. Ich möchte Ihnen mehr erzählen, über die typischen Schwierigkeiten, mit denen ich mich als „Neuling" auseinander setzen lernen musste und konnte. Welche neuen Aspekte bringt die psychische Erkrankung meines Partners in mein Leben und wie habe ich Vieles meistern können? Wie habe ich auf mein eigenes Seelchen aufpassen gelernt?

Jeder Krankheitsverlauf, jede Ausprägung, und natürlich auch jede Situation und jeder Angehöriger hat eine andere Ausgangsbasis. Meine Gedanken und Gefühle finden sich auch heute noch im Fluss wie typischerweise die Bipo auch. Heute ist stets anders als gestern und vielleicht als morgen. Die meisten Erfahrungen musste ich erst mal für mich alleine machen und sie verarbeiten und sie mit mir selbst ins Reine bringen.

Aber ich konnte mir ein bestimmtes Schema antrainieren, wie ich an die sich mir stellenden Probleme herangehen konnte. Manchmal musste ich die Gefühlsebene für eine Zeitlang abschalten lernen, aus der Schusslinie bringen. Um möglichst objektiv die unübersichtlichen Geschehnisse analysieren zu können, auf den Punkt bringen. Um dann einen Lösungsansatz zu suchen, kompromissbereit, um möglichst für beide Seiten hilfreich zu sein. Respektvoll für Bernhard, aber auch für mich selbst. Und mir dann die Kräfte antrainieren, dies auch durchzusetzen. Denn nur meine gestärkte Seele kann auch stark sein für Andere.

Ich wünsche mir, dass Sie durch meine Erfahrungen ein bisschen Hilfe und Kraft für Ihren eigenen Weg mitnehmen können. Und die Zuversicht, dass man etwas verbessern kann. Manchmal hilft es einem schon, dass man Dinge einfach mal aus einem anderen Blickwinkel sehen kann oder die Erkenntnis, dass es Anderen ähnlich ergeht. Man nicht alleine ist auf dem Weg. Sobald Sie sich trauen, mit allem offen umzugehen, werden Sie sich vielleicht wundern, wie vielen Ihrer Bekannten und Freunden es ähnlich geht. Von den meisten psychischen Erkrankungen hört man nur in Extremfällen, da immer noch Vieles aus Scham oder Angst in den eigenen vier Wänden ausgestanden wird. Ich wünsche Ihnen Stärke und Selbstbewusstsein, denn nur Sie alleine können wirklich beurteilen, was die erkrankte Andockstelle stabilisiert. Damit es ihr immer wieder gut gehen kann. Das kann kein anderer für Sie tun. Nur Mut!

*„Dass die Vögel der Sorge und des Kummers
über deinem Haupte fliegen,
kannst du nicht ändern.
Aber dass sie Nester in deinem Haar bauen,
das kannst du verhindern."
Chinesische Volksweisheit*

2. Die "Taktik" der bipolaren Störung

Erfahrungen mit der bipolaren Störung können je nach Ausprägung mehr oder weniger schmerzlich sein. Das liegt daran, dass das Manisch-Depressive, wie schon gesagt, genau da heimtückisch ansetzt, wo Emotionen Menschen verbinden.

Diese Stelle wird, zumindest phasenweise, angefressen, zerstört oder im schlimmsten Maniefall die ursprünglich positiven Gefühle sogar ins Gegenteil verkehrt. Da die meisten Partnerschaften, nüchtern betrachtet, in der Regel auf Liebe und nicht auf Vernunft gründen, werden sie besonders hart getroffen. Wahrscheinlich könnte es mir gefühlsmäßig relativ gleichgültig sein, einen fremden Menschen, zu dem ich keinerlei Beziehung habe, in manischem oder depressivem Verhalten zu beobachten.

Etwa einen an sich sehr anrührend inszenierten Fernsehfilm zu diesem Thema habe ich vor kurzem sehr interessiert verfolgen können, Verständnis für die Charaktere und das Krankheitsbild entwickeln, aber wirklich gerührt fühlte ich mich in den entsprechenden Szenen nicht. Wenngleich ich Mitleid oder Empörung empfand, so wurde doch mein unmittelbares Wohlbefinden nicht stark beeinträchtigt.

Ganz anders aber, wenn die Gefühle meines Partners und mir wie durch ein Seil verbunden sind. Dieses wird bei der Erkrankung nun von der anderen Seite aus langsam aufgetruddelt oder angeschnitten, ohne dass ich zunächst weiß, warum.

Am Anfang bemerke ich es wahrscheinlich noch gar nicht, dann aber wundere ich mich darüber, was da vor sich geht. Bernhards Mimik mir gegenüber wurde starrer oder andere unbewusste körperliche Signale, die mir normalerweise sagten, "du, ich mag dich", seltener.

Jedenfalls, ich halte unser Tau, je instabiler es wird, immer fester und versuche von meiner Seite aus die Stabilität stärker zu unterstützen.

Ich fragte vielleicht häufiger mal nach seinem Befinden, versuchte die Stimmung mit kleinen Aufmerksamkeiten zu verbessern. Natürlich begann ich auch mich selbst zu fragen, warum er sich von mir zu lösen begann oder unsere Kommunikation immer unverständlicher wurde. Das Seil leitete nicht mehr so gut. Liegt die Schuld an mir? Ich verstehe es einfach nicht.

Das geht eine Weile so gut, weil die zerstörerischen Phasen wieder abebben und das Tau zur vermeintlichen Ruhe kommt und wieder stabiler wirkt. Alles wieder normal wie früher. Doch dann kommt aus heiterem Himmel ein unerwarteter, heftiger manischer Ruck, mit dem ich nicht gerechnet habe. Ich versuche zu halten, werde aber so kräftig nach der anderen Seite gezerrt, dass ich hinfalle. Unsere Verbindung kann eventuell sogar komplett zerreißen. Und im schlimmsten Fall werde ich von der manischen Laune meines Partners auch noch auf das Wüsteste beschimpft, dass ich zu fest gezogen und das Seil nicht richtig gehalten hätte. Dass ihm wegen meines Fehlverhaltens jetzt auch noch die Hände weh täten. Ich wäre Schuld, dass das Seil nun zerrissen ist. Realistischer Weise ist das ganz anders abgelaufen. Der manische Umhang verzerrt die Tatsachen zugunsten des Erkrankten. Schuld immer die Anderen.

Bernhard hat mir nach seiner heftigen letzten Manie, die uns alle irgendwie von den Füßen gerissen hat, zu verstehen gegeben, dass ich ihn jahrelang unterdrückt hätte und er nun keine Rücksicht mehr nehmen würde und nur noch sein Ding durchziehen...Nein, das war nicht er. Das war noch der Umhang, der ihn diese Gedanken produzieren ließ. Was dieser verschleierte, war, dass es sich nicht um Unterdrückung meinerseits gehandelt hatte, sondern dass ich viele Jahre das Ruder des Familienschiffes übernehmen musste, um es in Bewegung zu halten. Er hatte sich in den depressiven Phasen um so Vieles nicht mehr kümmern können und mir die Erledigung überlassen, es musste doch weitergehen. Der blöde Umhang gaukelte ihm da nun etwas Unrealistisches vor. Zum Glück konnte mein Verstand seine Sichtweise zumindest respektieren. Aus seiner Warte war sie wahrscheinlich sogar richtig. Aber eben nicht aus der objektiven. Ich bin froh, dass ich das letztlich so verstandesmäßig erfassen lernte und dadurch nicht mehr als Kränkung meiner Person auffasste.

Die Manie treibt den Kranken an, den daraus folgenden Frust als etwas Erniedrigendes zu empfinden, das bekämpft werden muss. Die körpereigenen Drogen können schnell einen Schuldigen ausmachen: Als Partner hängt man ja am anderen Ende des Seiles. Und zur "Strafe" für das Unrecht, das nicht seine Krankheit, sondern dieser ihm angetan hätte, würde er ab sofort keine Rücksicht mehr nehmen, dann müsste man eben schlucken, dass das Seil einen immer wieder von den Füßen holen würde. Manie kennt kein Mitgefühl für den Anderen! Vor allem nicht mit dem, mit dem man am engsten verbunden ist. Selber schuld, wenn der das Seil nicht richtig handhaben konnte!

Wenn es nicht so traurig wäre, müsste man der Bipo anerkennend auf die Schulter klopfen, wie clever sie ihr Unwesen in die Beziehung streut. Ähnlich wie Infektionserreger sich geschickt gegen Antibiotika zu tarnen wissen und immer neue Wege finden, doch ihr "Ziel" zu erreichen. Genauso unerbittlich geht die bipolare Störung in ihren akuten Phasen mit den zwischenmenschlichen Gefühlen um. Je nach Ausprägung mehr oder weniger. Und meistens erkennt man lange Zeit erst mal gar nicht, was da überhaupt los ist. Es ist wohl typisch, dass es manchmal Jahre dauert, bis klar wird, dass nicht "nur" Depressionen vorliegen, sondern es sich um die manisch-depressive Variante handelt. Wie in der Inkubationszeit einer Infektion spürt das Unterbewusstsein, dass da etwas nicht stimmt, aber man kann es nicht benennen. Bis die Symptomatik dann so eindeutig wird, dass man endlich erkennen kann, mit was man es zu tun hat.

Ab diesem Zeitpunkt dann endlich, konnten auch in unserem Fall professionelle ärztliche und im Extremfall amtliche Hilfe hilfreicher eingesetzt werden, um den Umhang vorsichtig zu öffnen. Und um auch mir, die ich hilflos an unserer Andockstelle herumgewirbelt worden war, wieder langsam auf die Füße zu helfen. Ein sehr schwerer und zeitintensiver, aber für alle Beteiligten hilfreicher, erlösender Prozess.

Du findest meine Ansichten blöd.
  Du lachst mich aus.
  „Lächerlich, was du sagst!"
  Es tut weh.
  Für mich ist es richtig und wichtig,
  was ich gesagt habe.
  Warum kannst du meine Gedanken
  nicht akzeptieren? Oder respektieren?
  Oder wenigstens tolerieren?
  Mein Denken ist ein Teil von mir.

Und ich werde nicht aufhören, zu denken.
Gezwungenermaßen in die Richtung lenken,
die du mir vorgibst? Nein!
Das geht nicht.
Du wirst mich akzeptieren müssen, wie ich bin.
Oder respektieren.
Oder wenigstens tolerieren.
Anders geht es nicht.
Denn meine Gedanken brauchen Freiraum,
sonst verkümmern sie.
Und dann auch ich.
Dann bin ich nur noch eine ferngelenkte Maschine.
Und die macht ohne neue Energie
Irgendwann schlapp.
Weil ich aber ein Mensch bin,
muss die Kraft immer wieder
aus mir selber kommen dürfen.
Und das geht nur, wenn ich ich bleiben darf.
Erlaube es! Akzeptiere es! Respektiere es!
Oder wenigstens: Toleriere es!

Entstanden in einer Zeit, als die Bipo, noch unerkannt, begonnen hatte, Sand ins Getriebe zu streuen.

3. Noch tappe ich im Dunkeln

Zwanzig Jahre waren Bernhard und ich recht harmonisch durchs Leben gegangen und hatten es bisher ganz gut hin bekommen unsere Lebensaufgaben als gleichberechtigte Partner zu schultern, als nun seine bipolare Störung zunächst still und leise ihr Unwesen mit uns zu treiben begann.

So veränderte sich nun im Laufe der Zeit die bisher ausgeglichene Verbindungsstelle. Zunächst begann sie sich dergestalt zu lockern, dass die Intensität der Zuwendung einfach weniger wurde. Nun gut, das wird in den meisten langjährigen Partnerschaften so sein, man denkt sich nichts dabei. Immer häufiger kam es mir dann so vor, als ob es Bernhard großer Mühen bedurfte, mir besonders morgens eine freundliche Mimik zu schenken oder liebevolle Gesten auf den Weg zu schicken.

Logischerweise beginnt man doch in solch einem Fall als Ehefrau die Schuld zunächst an sich selbst zu suchen. Habe ich mich falsch verhalten, bin ich nicht mehr attraktiv genug, dass er sich über meine Anwesenheit freuen kann? Warum die starrere Mine, wenn wir miteinander redeten? Überhaupt, warum redeten wir weniger?

Wo ist der liebevolle Ausdruck in den Augen geblieben? Warum kommen immer öfter nur knappe, genervte Antworten zurück? Will er seine Ruhe vor mir haben, nerve ich?

Verstärkt wurde die kritische Lage dadurch, dass neue Gedanken und Ansichten, die ich in Gesprächen zu äußern wagte, in immer größerer Intoleranz und oft verächtlicher Art und Weise abgewiegelt wurden. "Was ist das jetzt wieder für ein neumodischer Mist, dieser Lach-Yoga-Kurs, zu dem du gehen möchtest?" Besonders schlimm wurde es für mich, wenn auch unsere drei Küken, damals im frühen Teenageralter, die solche Aussagen mitbekamen, ihrem Papa das unkritisch nachplapperten und diese Intoleranz in vielen Dingen kritiklos übernahmen.

Folglich entwickelte sich ein Teufelskreis, den ich hätte verhindern könnten, wäre mir die Ursache unserer Differenzen früher klar geworden: Denn was mache ich als Partner, der sich immer mehr unverstanden, ungeliebt, abgewiegelt fühlt? Nach erster Enttäuschung, werde ich mich abwenden und in mich kehren, um nicht noch mehr negative Abfuhren zu erhalten. Ich begann mir Dinge, Menschen, Veranstaltungen, auch Internetkontakte zu suchen, die mich wieder ernst nahmen, mich anlächelten, mir unvoreingenommen interessiert zuhörten. Wer kann mir das eigentlich verdenken? Und je mehr neue Gedanken und Ideen mir halfen, wieder die Harmonie in mein Leben bringen, derer mich die Bipo zu berauben begonnen hatte, desto mehr Ablehnung erfuhr ich von Bernhard, der unflexibel und standhaft daran festhielt. Dass ich das tun musste, um mir selbst Hilfe zu holen, gerade damit ich weiter in meinem Umfeld die Stabilität erhalten kann, verstand er nicht. Zu diesem frühen Zeitpunkt konnte ich es selbst noch nicht verstehen, sonst hätte ich eher versuchen können, die Situation zu klären und eine Lösung zu finden. Aber damals hatte es diesen "Klick" auch bei mir noch nicht getan, denn es lief alles noch im Unbewussten ab. Das weiß ich heute rückblickend.

Bernhards Seele tut sich wahrscheinlich durch seine psychische Erkrankung mit einem besonders schwer, das habe ich bis heute immer wieder beobachtet: Neues zu akzeptieren, Altes loszulassen. Sei es, sich mit neuen Ideen zu befassen oder alte Sitzmöbel zum Sperrmüll zu geben. Außer manchmal in ausgeprägten manischen Phasen, klammerte sich sein Gemüt an das Vertraute, das vielleicht die verloren gegangene Stabilität ersetzen sollte? Für mich bedeutete es gleichzeitig die Herausforderung, dass ich aber genau das Neue brauchte, um die ins Wanken gekommene Beziehungsebene zu ihm zu stabilisieren.

Im konkreten Fall hieß das für mich, dass ich neue Kraft im balancierenden Gedankengut wie Yoga und asiatischen Denkweisen zu entdecken und Entspannung meiner mitgenommenen Seele in Meditation und Selbsthypnose zu finden begann. Und mir anspruchsvolle Internetgespräche mit wertvollen Menschen suchte, wenn die Kommunikation in depressiven Phasen für mich innerhalb der Familie zu wortkarg wurde.

Diese Zeit war für uns beide alles andere als einfach. Sehr viele Missverständnisse haben uns das Leben schwer gemacht, weil wir beide keine Idee von der wahren Ursache hatten. Ich suchte den Ausgleich für seine nicht mehr ankommende Zuwendung, er hat es dagegen als Abkehr gedeutet und mich hilflos z.B. als „internetsüchtig" bezeichnet. Das war ich sicher nicht. Ja, ich habe ge"sucht", aber nach dem, was mir seine depressiven Phasen genommen hatten. Wir haben das beide gespürt und wussten aber nicht zu deuten, was da los war und konnten folglich auch keine wirkliche Lösung für die Differenzen finden. Diese blöde Krankheit! Mein Status hatte sich also in den frühen depressiven Phasen zu ändern begonnen:

Die Verbindungsstelle ausgedünnt. Es kam nicht mehr so viel rüber. An Gefühlen, die mir sagen, du bist mir wichtig, ich freue mich über dich. Ich unterhalte mich gerne mit dir, wir tauschen unsere Gedanken gerne miteinander aus. Es kam weniger durch, weil Bernhard, wie ich es heute sehe, zunehmend mit sich selbst beschäftigt war und nicht mehr auszusenden vermochte.

Die schwierigen Perioden fuhren in abnehmender Leistungsfähigkeit sicher auch sein Selbstbewusstsein herunter und so geriet für ihn unsere gleichberechtigte Partnerschaft in Schieflage. Zusätzlich denke ich mir, dass es schwieriger wurde, die Gedanken zu sammeln für anspruchsvolle Gespräche, im krassen Wiederspruch zur Manie, wo die Worte nur so sprudeln. Die Reduzierung seines Egos wiederum mag Gefühle der Unsicherheit und Neid mir gegenüber hervorgebracht haben, was jedoch in Form ablehnender Haltung mir und meinen Äußerungen gegenüber rübergeschickt wurde.

Hmm! Aus meiner Sicht kam aber nur diese Missstimmung herüber, denn ich wusste ja, wie gesagt, noch gar nicht um die krankhaften Hintergründe.

Etwa so, wie wenn sich in ein friedliches Computerspielfeld unbemerkt kleine Störenfriede einschmuggeln, platzen und für eine Weile Chaos hinterlassen, um anschließend wieder spurlos zu verschwinden. Genauso wird das Gefühlsleben in den ersten schwachen, noch unbewussten Phasen „beschossen". Dass die bipolare Störung „loszuballern" begonnen hat, erkannte ich erst viel später. Und doch beginnen die ersten Reaktionen meines Unterbewusstseins in dieser Zeit.

Was habe ich mir viele Gedanken gemacht, als ich die Schuldsuche in der ersten Zeit für mich übernommen habe. Im Nachhinein weiß ich nun: Ich hätte mir den Frust über mein angeblich falsches Verhalten sparen sollen. Die psychische Erkrankung hatte nach ihrer „Inkubationszeit" die ersten organischen Ausdrucksformen in Angriff genommen. Bei dem fehlenden Lächeln und der emotionsarmen Mimik handelte es sich um ein Symptom und um nichts von dem, was ich fälschlicherweise hinein interpretiert hatte. Hätte ich das damals nur schon verstanden, hätte ich mir und meinem Seelchen viele meiner Schuldgedanken sparen können.

Allerdings schlug auch das soziale Umfeld in unserem Fall in diese Kerbe. Und das führte natürlich zu noch stärkerer Verunsicherung meinerseits. Wie kann ich zum Hypnosekurs gehen, wenn mein Ehemann das so lächerlich findet? Wie kann ich es wagen, mit fremden Menschen im Internet zu chatten und Bernhard alleine vor dem Fernseher sitzen lassen? Wie kann ich Bücher gut finden, über mentale Kräfte, die wir uns selbst aneignen können, wenn die kranke Seele meines Gegenübers schwächelt?

Solchen oder ähnlichen Vorwürfen sah ich mich des Öfteren sogar von meinen besten Freundinnen oder aus Bernhards weiterem Familienkreis ausgesetzt. Sie sahen, dass ich mich veränderte, offener, interessierter an Änderungen in meinem Leben, während Bernhard ruhiger, vielleicht trauriger, verschlossener schien. Daraus folgerte man, dass seine Misere die Folge meines Wohlergehens sein musste. Und ich konnte mich noch nicht wirklich verbal gegen solche Art von Vorwürfen wehren, da ich ja noch nicht wirklich verstanden hatte, was sich da verselbständigt hatte.

Heute kann ich solchen Vorwürfen selbstbewusster damit entgegen treten, dass zu diesem Zeitpunkt ärztlicherseits schon die erste Diagnose "Depression" gestanden hatte, von welcher ich aber erst Jahre später erfahren habe. Dies bestärkt mich in meiner Erkenntnis, dass eben nicht mein Verhalten ursächlich für Veränderungen war, sondern die ersten zarten Krankheitssymptome zuerst da waren. Daher kann ich die Vorgänge nun eindeutig als einen Hilferuf meines eigenen Seelchens deuten, das sich alleine und unverstanden gefühlt haben muss. Und ich bin froh, dass ich es gewagt habe, mir schon in diesem frühen, noch unerkannten Stadium, meine "Alltagsengel" in mein Leben geholt zu haben. Und ich möchte Jeden ermutigen, sich selbst und eigene Interessen nicht aufzugeben oder sich sogar von besten Freunden ausreden zu lassen. Wir brauchen diesen Ausgleich für uns selbst, denn die Bipo nimmt uns Vieles weg aus einer Gefühlsebene, die uns bisher getragen hat. Persönliche Zuwendung, Zuneigung, Unterstützung. Die mentalen und körperlichen Streicheleinheiten, die jeder immer mal braucht. Stattdessen wird man zunehmend in Frage gestellt, man wird in depressiven Phasen ausgebremst, Neues wird verwehrt, sowohl im Materiellen („der alte Gartentisch tut es noch, immer willst Du Neues kaufen") wie auch im Gedanklichen („Was liest Du denn da wieder für ein Buch?"). Und das gilt es konsequent auszugleichen, will man in der Balance bleiben und nicht irgendwann selbst kippen. Ich denke nicht, dass man dem Partner damit etwas wegnimmt an unseren Gefühlen ihm gegenüber. Denn von seiner Seite aus, wird das Seil aufgetruddelt, seine Gefühlsäußerungen schwächeln.

Das hieß nicht, dass ich mich ihm nicht weiter liebevoll und harmonisch unterstützend zuwenden wollte. Aber Manches erreichte Bernhard nicht mehr so wie früher und die positive Rückmeldung an mich, dass ich ihm gut tue, kam phasenweise nicht mehr so intensiv an mich zurück. Was folgte, war Frust auf meiner Seite. War ich ihm nicht mehr wichtig? Das waren die natürlichsten Folgerungen, die in einer "normalen" Beziehung angebracht gewesen wären. Aber genau hier musste ich lernen, umzudenken, in dem Moment, in dem ich realisierte, mit was wir es zu tun hatten: Weder mein Verhalten noch seines war ursächlich schuld. Schuld war die Bipo, die die Gemütsverbindung ausdünnte.

Deswegen war es eigentlich sinnlos, wenn ich nun wütend auf Bernhard wurde und ihm die Schuld gab. Wobei ich fairerweise sagen muss, dass solche Gedanken immer wieder in mir hochkamen, sicher habe ich mich nicht so souverän verhalten können, wie es am Sinnvollsten gewesen wäre. "Du verstehst mich nicht mehr." Ich bin sicher, dass ihm solche Gedanken genauso oft kamen wie mir. Ja wie denn auch soll ich als Gesunder die krankhaft veränderten Gedankengänge immer nachvollziehen können? Oder sollte Bernhard, der sich vielleicht auf einem ganz anderen Gemütslevel befand, beurteilen, was mir gerade durch eine schwierige Phase helfen konnte?

Unsere vorher gesunde Rollenverteilung änderte sich durch auseinandertriftende, phasenweise kaum mehr miteinander harmonisierbare Gemütsverfassungen. Genau deswegen, weil wir den Störfaktor noch nicht ausmachen konnten. Später, als ich die Bipo besser einschätzen lernte, konnte ich versuchen, sie an ihrem Knackpunkt zu packen. Aber zu diesem frühen Zeitpunkt hatte einfach keiner von uns wirklich etwas entgegensetzen.

Im weiteren Verlauf seiner bipolaren Störung konnte ich mir dann schließlich diese Leitlinie setzen lernen: „Bernhards Sichtweise ist die seine unter den veränderten Bedingungen und als solche immer zu respektieren." Die neue Färbung nimmt die Bipo vor und nicht er oder ich. So wie auch meine meine ist. Wenngleich das nicht bedeutete, dass deshalb die Beziehung zerstört werden musste. Nur das Miteinander mussten wir flexibel umsortieren lernen. Hier konnten wir uns allmählich viele Hilfestellungen mit ins Beziehungsboot holen, sobald wir das erkannt hatten. Davon möchte ich später mehr erzählen.

Ganz entscheidend für uns war, wie schon erwähnt, dass es uns gelingen konnte, meist den gegenseitigen Respekt im weiteren Krankheitsverlauf niemals aufzugeben. Schwierig das immer so einzuhalten, ganz klar. Mit Erkennen der wahren Hintergründe wurde es später natürlich einfacher, auch direkt adäquater auf schwierige Situationen zu reagieren.

In akuten Maniephasen hielt sich der Umhang von seiner Seite natürlich nicht an Respekt. Sein Vorwurf der Unterdrückung zum Beispiel implizierte ja meine willentlich durchgeführte Erniedrigung Bernhards. Heißt, mir warf er ziemlich unverschämtes, egoistisches Handeln vor. Das sagte er mir ohne Zögern, respektlos, direkt ins Gesicht. Aber eben der Umhang, nicht Bernhard in seiner Persönlichkeit.

So habe ich auch versucht, unseren Kindern immer wieder zu vermitteln, Bernhards Gedanken als andere akzeptieren zu lernen, die nicht deshalb falsch sein mussten, weil wir sie vielleicht nicht mehr nachvollziehen konnten.

Sie beschweren sich zum Beispiel manchmal über die weitschweifenden Ausführungen ihres Papas, wenn sie ihn, eine kurze präzise Antwort erhoffend, etwas gefragt hatten. Seine Gedankengänge liefen eben bisweilen viel komplizierter, verwundener. Das habe ich ihnen häufig zu erklären versucht. Und doch war es nicht immer einfach für sie, den endlosen Erklärungen geduldig bis zum Gesprächsende zu folgen.

Zurück zu unserer Phase der Unkenntnis: Ich durfte meine Interessen nicht Bernhards Äußerungen zuliebe opfern, das wäre nicht lange gutgegangen. So wie ich meinen Yoga-Kurs und meine neuen Gesprächspartner für mich einfordern lernen musste, so war und ist es wichtig, dass ich ihn seine gemäßigten Gemütslagen so ausleben lasse, wie seine Natur ihm das nun vorgibt. Das ist einfach zum Erhalt einer möglichst soliden Vertrauensbasis erforderlich. Und genauso hatten meine anfänglich zahlreichen, noch so gut gemeinten, Ratschläge gar keine Chance etwas zu verändern. Ich konnte seine Gedankengänge nicht beeinflussen und folglich blieb mir nichts anderes übrig als sie als die Seinen zu akzeptieren.

Mehr als einmal habe ich den Versuch gestartet, Bernhard an meinen neuen "Errungenschaften" teilhaben zu lassen. Ihn mit zu einem Vortrag zu nehmen, meine Chatpartner kennen zu lernen oder auch mal eine Meditation mit mir zu versuchen, es könnte ihm vielleicht auch gut tun! Alles umsonst, keine Möglichkeit ihn zu solchen Aktivitäten zu motivieren. Er konnte diesen neuen Wegen rein gar nichts abgewinnen, die Flexibilität war einfach nicht mehr da.

Die bipolare Störung kann eine gewisse Hartnäckigkeit, an bestimmten Verhaltensmustern und Ansichten fest zu kleben, mit sich bringen, gegen die man keine Chance hat, anzukommen. Auch hier hat sich mein Gemüt wieder einen bildlichen Vergleich zu Hilfe geholt, der mich dann endlich manche Vorgänge verstehen lies. Natürlich entbehren meine Vorstellungen jeder medizinischen Grundlage oder Forschung, aber ich jedenfalls konnte mir Vieles besser erklären und bestimmte Verhaltensmuster eher akzeptieren lernen.

Manche neue schwer nachvollziehbare Sturheiten stelle ich mir heute als ausgetretene Trampelpfade in den unflexibler werdenden Nervenbahnen vor. Es handelt sich nicht um die geraden, großen Fahrrinnen, die durch Baggerschiffe regelmäßig freigeschaufelt werden müssen, um reibungslosen Schiffsverkehr zuzulassen. So läuft es nach meinen Vorstellungen im gesunden Gehirn ab. Etwa mit Entspannungsübungen kann man sie ent"sanden", woraufhin die Gedanken wieder voll konzentriert ihre geraden Wege finden können.

Anders bei unserer psychischen Erkrankung: Denn die eingelaufenen Trampelpfade entsprechen nicht den großen, ausgebaggerten Schiffsrouten. Sie befinden sich in den Millionen von kleinen Verästelungen, in denen die Gedanken stecken bleiben, sich verlaufen. Eingelaufene Pfade, deswegen werden neue Wege eher abgelehnt, und Feststecken, entsprechend eines hartnäckigen Festhaltens an Gewohnheiten. Ein entspanntes zur Ruhe Kommen, die Konzentration auf das Wesentliche wieder finden, geht nicht, da man fest hängt und gar nicht zu den Fahrrinnen zurückkommt.

Eine Manie schüttet in dieses System dann vielleicht Öl hinein, die Gedanken rauschen nur so durch, rutschen aus, kommen nicht mehr zum Stillstand. Seit ich mir manches veränderte Verhalten so vor Augen führen konnte, war es mir möglich, trotz allem Missfallen, bestimmtes Verhalten irgendwie akzeptieren zu lernen. Für das Verfangen im Gehirnlabyrinth konnte Bernhard nichts, genauso wenig für das Flutschen. Wohin sollten Vorwürfe meinerseits an bestimmte Verhaltensmuster folglich führen? Und genauso wenig andererseits konnte er nachempfinden, wie viel neue Energie ich für mich aus diesen entspannenden Übungen ziehen konnte. Für ihn waren diese Hauptrinnen ja oft gar nicht mehr erreichbar.

In manchen Phasen war es echt schwer für mich, Gespräche über manche Themen mit Bernhard zu führen. Auch in Zeiten, in denen er sonst gerne geredet hat, ihn nicht gerade eine Depression blockierte. Hatte unsere frühere Dialogform doch so ausgesehen, Dinge, über die wir sprachen, kurz und knapp auf den Punkt zu bringen. Leider hat die Bipo auch hier Einiges zu verändern begonnen. Sie ließ ihn oft ausschweifend werden, endlose Schleifen ziehen in seinen Gedankengängen, die ihn immer wieder in althergebrachten Ansichten stecken bleiben ließen. Das war schon manchmal echt anstrengend für mich oder die Kinder. Manchmal wollte ich das alles gar nicht mehr hören, das gebe ich zu. War einfach so. Die Kinder wandten sich, wie schon erwähnt, manchmal entnervt ab, sie konnten da so ehrlich sein...

Jeder wird solche Situationen kennen. Ich mache Bernhard keinen Vorwurf, es sollte auch nicht peinlich sein, es ist einfach nur eine objektive Beobachtung. Denn die Bipo verändert viele Gedankenabläufe und keiner von uns ist in der Lage, die neuronalen Wege in unserem Gehirn zu steuern. Es geht hier nicht darum, irgendetwas zu kritisieren oder bloß zu stellen. Es war und ist einfach so und genauso mag er auch mir nicht mehr gerne immer gedanklich gefolgt sein, wenn ich neue für ihn vielleicht unsinnig klingende Gedanken äußerte.

Ich sehe heute zwei entscheidende Dinge klarer als damals und fühle mich bestärkt in meinem eingeschlagenen Weg. Erstens habe ich begonnen, für mich einen Ausgleich zu schaffen für die Zuwendung und die für mich hochwertigen Gespräche, die mir die bipolare Störung von seiner Seite immer häufiger entzog.

Ein Fußkranker kann nur vorsichtig auftreten und ist beim langsamen Laufen nur noch auf seine eigenen Schritte konzentriert. Ähnlich auch bei der psychischen Erkrankung, nur dass man das Humpeln nicht sieht. Der Erkrankte ist mit sich selbst beschäftigt, hat mit seinen eigenen Launen zu kämpfen. Merkt, er fühlt sich schlecht, kann die Schuld aber vielleicht nicht in seiner Erkrankung sehen. Und so sind die schuld, die locker "weiterlaufen". Eben der mitlaufende Partner. Der Fehler liegt aber objektiv nicht an diesem. Es ist so wichtig, dass der Weiterlaufende aber deswegen seinen Laufstil nicht ändert. Denn nicht dieser ist schuld an der Misere, sondern der kranke Fuß des Anderen. Ich kann vielleicht öfter mal stehen bleiben und warten. Aber ich muss die Wartezeit sinnvoll für mich selber nutzen. Dann kann die Sache funktionieren. Ich darf mich aber nicht dafür auslachen lassen, dass ich in dieser Zeit etwas für mich tue. Nicht von Bernhard, nicht von seiner Verwandtschaft, nicht von meinen Freundinnen. Sonst kann es passieren, dass ich das nächste Mal nicht mehr warten möchte oder dass es mir selbst immer schlechter gehen wird.

Zweitens habe ich mich auf die Suche nach Neuem begeben, das den emotionalen Leerraum in mir aufzufüllen in der Lage war. Nur so habe ich für viele Jahre der depressiven Kalt- und Schlechte-Launen-Phasen die Balance des Familienschiffes halten können. Ich bin froh darüber, dass ich mir diese Unterstützungen, meine "Alltagsengel" wie ich sie nenne, in meinen Alltag geholt habe. Und dass ich andererseits verstehen gelernt habe, warum Bernhard aus seiner Sicht die mir wichtigen Dinge gar nicht nachvollziehen konnte: Seine Gedanken hielten ihn häufig gefangen in seiner verfahrenen Nebenrinne, während ich die Freiheit der gut gängigen breiten Hauptrinne nutzen und genießen durfte.

Das bringt die Krankheit so in unsere Lebenssituation hinein und ist kaum zu ändern. Durch diese Erkenntnisse und die Akzeptanz dieser Gegebenheiten konnte ich den Frust darüber überwinden lernen, dass wir viele Dinge nicht mehr gleich empfinden konnten. Und es von Vorteil sein kann, dem Anderen, auf welcher Seite des Seiles er auch steht, die lange Leine zu lassen, damit dieser auf seinen eigenen gedanklichen Seewegen unterwegs sein darf.

4. Meine Rolle in der Depression: Päckchenträger

Wie wir alle wissen, ist ein Merkmal der Bipo das meist nur zeitweise Auftreten oder Verstärken von psychischen Veränderungen, die sich mit der Zeit an Intensität, Dauer und Häufigkeit steigern können. In den schwächeren Anfangsphasen, die bei Bernhard ausnahmslos depressiven Charakter hatten, bemerkten Außenstehende, die Bernhard nicht so genau kannten, oft noch gar nichts. Ich als seine ihn bestens kennende Partnerin begann bald zumindest etwas zu erahnen. In den fast Symptom freien Zwischenphasen immer wieder die Hoffnung, dass es das nun gewesen sein könnte. Alles wieder gut! Alles wieder normal!?

Zunächst im eineinhalb Jahresrhythmus, später circa im Jahresrhythmus tauchten dann die ersten erkennbaren Depressionen in unserem Leben auf. Die Dauer dieser Perioden ließ sich anfangs nicht so klar deuten, da die Symptomatik ja noch nicht genau abgrenzbar war, was war depressiv, was einfach Müdigkeit, Überarbeitung? Beobachtete ich anfangs wenige Wochen schwacher Intensität, so wurden die depressiven Zeiten im Lauf der Jahre intensiver und dauerten nun manchmal einige Monate. Aus der bisher letzten heftigen Tiefphase kam Bernhard irgendwie gar nicht mehr so richtig raus, bis eine mehrwöchige Rehabilitationsmaßnahme endlich Besserung brachte. So waren wir und auch der behandelnde Neurologe in den ersten sieben Jahren der Erkrankung der Meinung, es „nur" mit Depressionen zu tun zu haben. Die manische Form des Umhanges blieb uns noch eine Zeitlang erspart.

Eine Ehe besteht ja nun nicht nur aus Gefühlen, deren Ausdrucksformen depressionsbedingt zeitweilig abebben und sich immer weniger erreichen. In den Normalphasen schulterten wir wie gesagt bisher die Familienaufgaben ziemlich gleichberechtigt, die täglichen Aufgaben, die Betreuung der Kinder, die anfallenden Haushaltspflichten und Gartenarbeiten und all so was. Im Lauf der Jahre hatten wir als gut funktionierendes Team ein gewisses Konzept entwickelt, wer automatisch für welche Dinge zuständig war, man ergänzte sich gleichwertig, zumal, da wir beide unsere anspruchsvollen Berufe auszufüllen hatten.

Genau dieses Konzept der Aufgabenteilung geriet nun zunehmend in Schräglage, je mehr die Krankheit Einfluss auf unseren Alltag nahm. Nonverbal. Es war in der Regel nicht so, dass Bernhard bewusst gesagt hätte, „du, ich kann heute das Laub nicht wegkehren oder die Katze füttern, weil ich einfach nicht mehr aus dem Bett komme und mich so matt und leer fühle, könntest du bitte übernehmen?" Er wurde überrumpelt von der Müdigkeit, Schwäche, Antriebslosigkeit. Er wollte ja, konnte aber zeitweilig einfach nicht. Zu sehr laugte ihn zudem seine verantwortungsvolle Tätigkeit als leitender Angestellter in dem Schiffsbeladungsunternehmen aus, sein Job, den er nun auch schon bald dreißig Jahre zur Zufriedenheit seines Arbeitgebers ausgefüllt hatte. Mit seiner langjährigen Erfahrung, denke ich, konnte er die nun schwierigen Zeiten der Konzentrationsfindung irgendwie ausgleichen, sodass er seinen Aufgaben in der Firma zumindest nachkommen konnte.

Die Kraft fehlte vielleicht zu Hause, weil er sie bei der Arbeit übermäßig einsetzen musste. Ich habe großen Respekt dafür, wie Bernhard sich all die Jahre durch seinen anspruchsvollen Beruf gequält hat, um weiterhin der Verantwortung für seinen Arbeitsplatz und seiner Familie nachzukommen.

Ich ahne, wie schwierig es war, morgens aufzustehen, um pünktlich zur Arbeit zu kommen, obwohl diese bleierne Müdigkeit ihn im Bett halten wollte. Ich habe seinen morgendlichen Kampf mit sich selbst oft nicht mehr mit ansehen können. Ich kann mir vorstellen, wie es sich in den depressiven Zeiten angefühlt haben muss, wenn der Papierhaufen auf seinem Firmenschreibtisch immer höher wurde, weil ihm die Arbeit in diesen Wochen so schwer aus den Fingern ging. Die Konzentration dahin war. Er hat sich so viele Jahre immer wieder tapfer durch gekämpft. Wir haben oft darüber gesprochen. (Über die depressiven Symptome konnte er leichter sprechen als über die manischen, über die wir bis heute nicht intensiv haben reden können. Da hatte der Umhang wohl so dicht gemacht, dass Bernhard viele konkrete Fakten gar nicht realisiert hatte und was er da eigentlich alles angestellt hatte). Und so war es nicht verwunderlich, dass er sich an solchen Wochenenden kaum noch aus dem Bett quälen konnte, um seine Mithilfe an Hausarbeiten zu erledigen. Bei unseren Kindern kam das natürlich nicht gut an, dass Papa sich da was herausnahm, was ich ihnen nicht zugestand. "Warum soll ich den Müll herunter tragen, Papa macht es doch auch nicht?"

Stattdessen musste ich, der gesunde Part, gezwungenermaßen nach und nach das Gefühl dafür entwickeln, dass bestimmte Dinge, auf die ich mich eigentlich bisher hatte verlassen können, einfach nicht mehr erledigt werden konnten. Ohne eine Ansage, ohne die Bitte oder schon gar den Dank an mich, dass ich übernehmen sollte. Ich gebe zu, dass ich oft ärgerlich wurde, denn das psychische Empfinden sieht man ja nicht immer und so war es manchmal schwirig für mich, zu verstehen, ist es Faulheit oder krankhaftes Unvermögen?

Wie reagiere ich richtig? Übernahm ich ungefragt, nahm ich Bernhard damit den Ansporn, sich für das Straße Kehren aufzurappeln? Oder bedeutete es für ihn mehr Frust mit anzusehen, dass es eben ungepflegt blieb, weil er es nicht mehr vermochte? Bemerkte er das überhaupt noch? Die Gleichgültigkeit des kranken Gemütes schien im gleichen Maße zuzunehmen, wie die körperliche Schwäche und Müdigkeit.

Vieles blieb dann einfach liegen, da ich mich in diese Aufgabenbereiche auch erst einmal einarbeiten musste. So wie ihm beispielsweise das Bügeln vielleicht nicht so leicht von der Hand ging wie mir, so habe ich den Rasenmäher starten lernen müssen. Und wie gesagt, es war nicht so, dass wir bewusst die Aufgabenverteilung neu geregelt hätten. Das führte auf meiner Seite natürlich zunächst erst einmal wieder zu einem gewissen Frust, wieso sollte ich plötzlich das Meiste alleine erledigen, ich würde auch gerne mal meine Beine im Sessel hochlegen wie er?

In einer harmonischen Partnerschaft bist du eigentlich gewöhnt, dass dir der körperlich Stärkere schwere Arbeiten abnimmt, man als Frau gerne weiter so liebevoll umsorgt würde, wie früher. Aber in der neuen Situation sah ich mich immer wieder der Entscheidung gegenüber, übernehmen oder schleifen lassen oder „nichts wie weg"? Nein, so einfach wollte ich mich der Krankheit jedenfalls nicht geschlagen geben. Klar, die Bipo hatte den Umhang um ihn gelegt, die Seile zwischen uns gekappt, aber eben nur zeitweise. Da war immer noch Bernhard, für den ich mich vor Jahren entschieden hatte und der immer ein liebender Papa für unsere Kinder gewesen war. Das gibt man doch nicht so einfach auf! In guten wie in schlechten Tagen. Nun waren es eben phasenweise schlechte Tage. Zum Glück habe ich mit der Zeit erkannt, dass aus diesen schlechteren Tagen für uns auch bessere werden können, wenn ich die Veränderungen verstehen lerne und entsprechend darauf reagieren kann.

So habe ich mich mit zunehmendem Verständnis der Erkrankung eher gewagt, mich ihr entgegen zu stellen. Heilen konnte ich sie nicht, aber lernen, mit ihr umzugehen. Hiermit meine ich nicht nur die direkte "Krankenpflege", wie gehe ich mit dem Depressiven um, der in der freien Zeit kaum mehr aus dem Bett kommt? Ich meine vielmehr: wie mache ich mich selbst fit, um die neuen Gegebenheiten für mich selbst verarbeiten zu lernen? Mein eigenes Seelchen bei der Stange zu halten. Es so stark und wiederstandfähig zu machen, um eine Zeitlang auf liebevolle Zuwendung und Unterstützung verzichten zu können. Auszugleichen in jeder Beziehung, aber vor allem in unserem Familienleben, was von Bernhards Seite nicht mehr beigesteuert werden konnte. Ja, er konnte es nicht, das hieß es mir selbst klar zu machen. Es ging hier nicht um "Wollen". Das war der entscheidende Unterschied. "Wieso immer ich alles?" Es ging um "nicht Können" und insofern konnte ich viele meiner zusätzlichen Dienste als eine Art indirekte Krankenpflege akzeptieren lernen. Das Stöhnen, der hilflose Gesichtsausdruck, manchmal auch mürrische Antworten, wenn man um Mithilfe bat. "Was wollt Ihr alle von mir?" Das waren Symptome der krankheitsbedingten Überforderung und nicht Ablehnung meiner eigenen Persönlichkeit, das durfte ich nicht mehr verwechseln!

Solange ich stark sein konnte, lief alles mit meiner neuen Einstellung relativ gut, ich hatte gelernt, mich mit Vielem zu arrangieren und mir meine Kraft an anderen Ressourcen aufzutanken!

Aber manchmal wurde es auch zu schwierig zu ertragen. Dann nämlich, wenn ich selbst mental oder körperlich an meine Grenzen kam. Oder wenn ich mich doch irgendwie zu sehr ausgenützt fühlte. Bei allem Verständnis, das ich aufzubringen versuchte: Immer wieder waren diese Zweifel mit an Bord, konnte er sich wirklich nicht aus dem Sessel erheben, wenn der Paketmann klingelte, hörte er es nicht? Oder gaben seine Transmitter ihm nicht mehr den Befehl, „Steh auf und öffne die Tür?"

Bequemlichkeit, Krankheit, Ausnützen anderer? Wirklich, trotz allen Mitleides war es immer wieder ganz schwer für uns als Familie, das auszuloten. Und nicht mit Verdruss oder verbaler Aggression zu reagieren, sondern mit Nachsicht. Das ist mir beileibe nicht immer gelungen. Anderes zu behaupten, wäre nicht ehrlich.

Es hat eine Weile gedauert, bis ich das endlich so aufzufassen gelernt habe und individuelle Wege für mich finden konnte, mein Seelchen davor in Schutz zu nehmen. Manches Mal muss ich mich, zumindest im Unterbewusstsein, doch sehr mies und ausgenützt gefühlt haben. Dies wurde mir in einem Hypnosekurs klar, den ich eigentlich aus beruflichem Interesse belegt hatte und zu dem ich mir im Vorfeld so viele verhöhnende Bemerkungen von Bernhard und dann auch den Kindern angehört hatte. Doch ich konnte dort eine sehr wertvolle Hilfe für meinen Umgang mit diesen alltäglichen belastenden Fragestellungen an mich finden.

Im Rahmen eines Selbstversuches bekamen wir just die Aufgabe, uns eine für uns demütigende Situation vorzustellen, in der wir uns so richtig schlecht und unverstanden fühlen sollten. Das passte so genau auf mich! Nach ganz kurzer Zeit, ich stand ruhig mit geschlossenen Augen, mein Unterbewusstsein arbeitete jetzt stärker als mein Bewusstsein, begannen meine Tränen heftig zu laufen, ich hatte keine Kontrolle mehr darüber. Ein extrem wunder Punkt in meinem Gemüt war wohl gerade getroffen worden. Die Kursleiterin schien erschrocken über meine heftige Reaktion. Wo war ich? Ich sah mich bei sengender Hitze in unserem Garten unter Aufwendung und am Ende meiner körperlichen Kräfte, den Rasen mähen. Mein Mann beobachtete mich vom Wohnzimmer aus, im Sessel sitzend, im Hintergrund lief der Fernseher. Seelenruhig schaute er mir einfach nur zu. In meinem Trancezustand konnte ich sogar den Duft des frisch gemähten Rasens und das Brennen der Sonne auf meiner Gesichtshaut wahrnehmen. Und die Tränen flossen nur so... Nach Rücknahme dieses Zustandes durch die Leiterin war auch ich erschrocken über diese starken Emotionen, die mein Bewusstsein wohl gelernt hatte zu unterdrücken, die mein Unterbewusstsein jedoch extrem zu belasten schienen. Dieses Gefühl des Im-Stich-Gelassen-Werdens und alleine verantwortlich Seins.

Im Alltag überdeckte ich das wohl mit meiner zunehmenden Aktivität, dann erledigte ich es eben alleine, für die Belohnung einiger Glückshormone, die mir sagten: „das hast du toll gemacht, alles auch alleine geschafft!" Aber das war offensichtlich nicht alles an Gefühlen, was in mir unterwegs war. Die darüber unglücklichen waren anscheinend mindestens genauso existent. Auch gedemütigt fühlte ich mich irgendwie schon. Denn die Tränen flossen nun mal. Die erschrockene Kursleiterin nahm mich liebevoll in den Arm und wies mich an, mit den Tränen die schlechten Gefühle heraus kullern zu lassen. Dann sagte sie auch zu den anderen Teilnehmern gewandt, „das wollen und können wir nun so nicht im Raum stehen lassen". Und sie leitete mich weiter an, mir nun gedanklich Stück für Stück einen Käfig um mich herum zu bauen. Undurchdringbar und nur für mich zugänglich sollte er sein, eine Farbe sollte ich ihm geben, einen Duft. Und dann ließ sie mich gedanklich erfühlen, wie wohl ich mich darin fühlen konnte, sicher vor jeder negativen Beeinflussung von außen. Sie erklärte mir, dass dieser Schutzraum immer für mich da sein könnte, wenn ich ihn bräuchte. Keiner durfte da hinein oder könnte mich von außen verletzen. Und um diesen Ort für meine Hilfe suchende Seele leicht erreichbar zu machen, wurde er mit einem sanften Griff an mein Handgelenk geankert. Jedes Mal, wenn ich merken würde, dass ich mentale Zuflucht bräuchte, sollte ich diesen Punkt berühren und so einen schnellen Zugang zu meinem Schutzraum finden können.

Sie hatte es mit einfachen hypnotischen Mitteln geschafft, wieder ein freieres Lächeln auf mein Gesicht zu bringen. Ich fühlte mich viel besser. Einen schweren Stein hatte sie damit von meinem Herzen gerollt, dessen Existenz mir so nicht bewusst gewesen war. Dieses Mittel des in mich Gehens, kann ich seither als meinen, wie ich ihn definiert hatte, grauen Schutzkäfig visualisieren. Das in mir verankerte Signal des Handgelenkes vereinfacht das Auffinden. Zukünftig hat dies mir in vielen schwierigen Situationen geholfen, mich aus der „Affäre" zu ziehen, wenn nichts mehr zu gehen schien, Frust oder für mich ungerecht erscheinende Behandlung überhandnahm.

Eine zumindest gedankliche Zufluchtsstätte kann in ähnlichen Situationen für jeden Angehörigen so hilfreich sein. Ich konnte auf Dauer nicht nur von Nachsicht für Bernhard leben. Denn Bedauern für die mich belastende Lage wurde mir in der Regel weder von Bernhard selbst noch von meinem Umfeld entgegen gebracht. Wie all die Pflichten, die ich nun selbst übernahm, musste ich das Aufrichten meines eigenen Seelchens nun auch immer mehr in Eigenregie übernehmen. Für mich bedeutete eine wichtige Hilfe das Alleinsein, im mich zeitweilig Abschotten von dem negativen Umfeld. Momente des Mich-Wieder-Findens in Entspannungsübungen, in meinem „Käfig" oder auch nur einem beruhigenden Waldspaziergang. Auszeiten aus den Spannungszonen, Kurzurlaub vom belastenden Alltag. Nur so konnte für mich wieder neue Kraft entstehen, von der ich wirklich genug brauchte, um nicht in Frust zu enden. Auf diese Weise habe ich der Bipo die Stirn bieten gelernt. Indem ich mich immer wieder selber stark machen konnte. Um in schwierigen Situationen ihr die Luft aus den Segeln zu nehmen, indem ich mich ihren Angriffen nicht zu leicht geschlagen gab.

Verständnis für gewisse Situationen konnte ich damit immer wieder aufbringen. Aber Akzeptanz? Das war schwieriger. Immer wieder bohrten trotz Allem diese Fragen in mir: War es Bernhard egal, wie es mir dabei ging, war ihm die Notwendigkeit des Verrichtens mancher Pflichten gleichgültig? Manchmal frage ich mich, was die Manie sich eigentlich herausnahm, mir Jahre später vorzuwerfen, dass ich all die Aufgaben an mich gerissen hätte! Das Rasenmähen hätte ich also für mich alleine beansprucht? Dann kam in mir Wut hoch, was dieser blöden Krankheit eigentlich das Recht gibt, Bernhard da einfach heraus zu nehmen? Recht? Sicher nicht. Sie machte es einfach so. Die Manie fragt ja nicht nach Normen, nach gutem Benehmen. Sie macht einfach.

Manches Mal kamen auch solche Gedanken in mir auf: "man kann doch verstandesgemäß den inneren Schweinehund bekämpfen, der eben lieber im Sessel sitzen bleiben möchte!" Mittlerweile habe ich aber meine Zweifel daran, ob das wirklich geht. Der Hund gehorcht nicht! Die Gehirnaktivitäten wissen diese regulierenden Wege nicht mehr anzusteuern. Wohl einen Zustand sehen, aber nicht in der Lage sein, daraus die Konsequenz zu ziehen, den eingelaufenen Weg zu verlassen, umzukehren, Aktionen zu ergreifen. Der "innere Cursor", gerade aufgehängt in den Trampelpfaden, kann keinen Befehl an den Körper geben „Steh auf, hilf!".

Zugegebener Weise war ich oft wütend in solchen Situationen. Aber indem ich mir, neben meinen mentalen Zufluchtsstätten, meine Theorie dessen, was da in dem erkrankten Seelchen vorzugehen schien, zusammenbastelte, konnte ich Vieles akzeptieren lernen. Als Krankheit. Nicht als Bosheit. So konnte ich Ruhe reinbringen in mein eigenes, oft verärgertes Gemüt. Solange ich Bernhard als normal Gesunden gesehen hatte, war ich es nicht einzusehen, alles von ihm aufgebürdet zu bekommen. So begann ich die Gartenarbeit, das Bügeln und die familiäre Bürokratie als Verband auf seine kranke Psyche zu sehen. Einen Hilfsdienst, den ich eher akzeptieren konnte als die Trägheit eines Gesunden.

Wie schon gesagt, Dankbarkeit für die Paketübernahme durfte ich allerdings nicht erwarten. Damit geht die Bipo sehr sparsam um. Ich habe mir abgewöhnt, darauf zu warten und mir selbst dadurch viele negativen Gefühle ersparen gelernt. Dann lass das eben sein, du doofe Bipo, mich kannst du damit nicht mehr ärgern! Dann schüttet mir eben mein Stolz auf meine Fähigkeiten meine eigenen Glückshormone aus!

Die Depression hält den Erkrankten nämlich so hilflos in sich selbst gefangen, dass es das betroffene Ego nicht fertig bringt, sich selbst noch mehr zu erniedrigen, indem man dem Anderen sagt, wie toll er das macht. Vielleicht spielt dabei Neid ein bisschen eine Rolle. Es kostet schon viel Überwindung, jemanden zu loben, dem man den Erfolg neidet, das weiß jeder. In der Manie hingegen ist man dann selbst der Größte, Beste, Tollste, der das, was andere tun, sowieso wertlos erscheinen lässt. Wofür also Loben? Im Gegenteil gaukelt eine manische Phase oft vor, dass alle Anderen einem nur böse wollen und gegen einen aufgebracht sind. Und man deshalb nie auf die Idee käme, diesen Menschen dann auch noch Dankbarkeit auszudrücken. Seit das in meinem Kopf angekommen war, ärgerte mich Bernhards zeitweiliges Verhalten in dieser Beziehung nicht mehr so stark. Vorher kam in mir immer wieder der Vorwurf hoch, „wie kannst du mir das alles in meinen Rucksack packen, findest du nicht, dass du der Mann bist, der mir als Frau das Schwere abnehmen sollte? Wie kannst du so mit mir umgehen?" Diesem Frust wusste ich nun zu begegnen, konnte ihn in die stolz machende Genugtuung umwandeln, dass ich so Vieles auch alleine kann. Bipo, so leicht gebe ich mir dir nicht geschlagen!

So habe ich in dem Rahmen, der für mich erfüllbar war, akzeptieren gelernt, die Päckchen, im weitgehenden Einvernehmen mit mir selbst, in meinen Rucksack zu nehmen. Aber, je schwerer er wurde, desto häufiger musste ich ihn immer mal vom Rücken nehmen, ihn abstellen, den Rücken stärken und Atem holen an meinen inneren Tankstellen. An den Ressourcen, die mir Kraft gaben, weiter zu gehen, Frieden machend mit der Herausforderung, der ich mich nun zunehmend selbstbewusster stellen konnte.

5. „Ausbremser" - Meine Rolle in der Manie

Der passiven Variante unserer Bipo konnte ich also mit Übernahme vieler Aufgaben, Dulden der Geschehnisse und Stärkung meiner selbst begegnen. Auf einen Nenner gebracht, Bernhard zog sich in diesen Zeiten aus dem Meisten heraus, ich übernahm.

In der wütenden Schwester der zahmen Depression, der Manie, in unserem Fall vor allem in der vorletzten heftigen vor fünf Jahren und letzten ausufernden vor zwei Jahren, kehrte sich dieses Blatt. Es war dann nicht mehr so, dass ich mühsam die Segel so setzen musste, dass das Boot weiterfuhr. Nein, der Sturm zog auf und wehte mir kräftig entgegen, manchmal musste ich die Segel ganz einholen, damit das Familienboot nicht kenterte. Ich mutierte vom Kümmerer zum Ausbremser, vom lieben Partner unter Umständen sogar zum Gegner, ohne recht zu wissen, warum?

Aus Bernhards Sicht habe ich es im Lauf der Geschehnisse sehen gelernt. Das war schon ein „Knaller" in welche Bedrängnis Bernhards blöde Transmitter ihn brachten. Ich habe es sogar ein wenig verstehen und vielleicht auch nachfühlen gelernt. Es ist dieser innere Drang, der sein Gemüt in Aufruhr versetzte, ihn aufputschte, ihm neue Ideen aufdrängte, ihn zwang, anderen dies mitteilen zu wollen, immer wieder neue Aktivitäten verlangte, stets neue Freundschaften und Nähe zu anderen Menschen von ihm forderte. Wie wenn einen jemand von hinten anschiebt und man muss mitmachen. So ähnlich vielleicht wie man sich fühlt, wenn man zu viel Kaffee getrunken hat, nur viel, viel stärker wahrscheinlich. Und man hat diesen unbändigen Wunsch, Dinge zu kaufen und zu erleben und verliert die normalen Rahmenbedingungen dafür aus den Augen. Und wenn dann ich kam, ihn um Kürzertreten bat, ihn beim Geldausgeben zügeln und ihn bremsen wollte, dann wiedersprach es diesem "etwas unbedingt tun Müssen", das ihn anpeitschte. Also wurde ich zum Störfaktor, zum Ausbremser. Also weg mit mir, "lass mich in Ruhe meinen Dingen nachgehen, stör mich nicht mehr, halt den Mund."

Aus seiner Sicht kann ich es heute gut verstehen, dass er damals so reagiert hat. Ich hätte mich wahrscheinlich genauso verhalten. Seit ich weiß, was seine Seele da unaufhörlich von ihm forderte, finde ich viele seiner Reaktionen nachvollziehbar, über die wir uns als Familie zunächst einfach nur ärgern konnten.

Nach einem "Warum?" darf ich bei der Bipo nicht fragen. Wenn es in einer Partnerschaft nicht gut läuft, dann gibt es in der Regel irgendeinen Grund dafür. Ein Verhalten, über das man sich geärgert hat, einen Vorfall, der einen hat streiten lassen. Irgendetwas, das man analysieren und damit auch ändern könnte. Das man als Paar gemeinsam irgendwie aufarbeiten kann. Nicht so bei unserer affektiven Störung: Der Grund liegt in der Erkrankung, da kann ich nichts aufarbeiten, sondern nur lernen, damit umzugehen und natürlich ärztliche Hilfe dazu zu holen. Sie ändert die Färbung der Gedanken und bringt damit Reaktionen hervor, für die niemand etwas kann, niemand Schuld ist und die man deshalb auch nicht mit gutem Zureden ändern kann. Für einen adäquaten Umgang mit Bernhard und der Situation war diese Erkenntnis ungemein wichtig für mich und hat mir für meine Reaktionen eine Richtung finden helfen.

Da sind wir wieder irgendwie bei der Schuldfrage angekommen, mit der ich mich später noch einmal näher befassen möchte. Jetzt nur so viel: Ich habe so viel übernommen, in meinen Rucksack gepackt, aber die Schuldfrage hat darin nichts zu suchen. Nie und nimmer. Auch wenn so viele Leute sie so gerne immer wieder versuchen, dort mit hinein zu stecken: In diesem Punkt habe ich mich ganz sicher wehren gelernt, manch Einen, der mit dieser Bemerkung heute wieder bei mir Anklopfen sollte, könnte leider eine unerwartet heftige Reaktion von mir treffen. Auch wenn ich sonst ein sehr friedliebender Mensch bin...

Die anfänglichen, eher dezenten manischen Phasen waren in unserem Fall geprägt einfach von "Wegsein". Ich fasse die endlosen Unternehmungen, den Drang der Hausflucht einfach mal so zusammen. Bernhards Körper befreite sich explosionsartig von der Langeweile der Depression, die ihn zu Hause und in seinem eigenen Körper eingeschlossen hatte. Die Manie wird oft als natürlicher überschießender Reparaturversuch der vorangegangenen Depression gesehen. Bei Bernhard war es tatsächlich so, dass den drei Manien immer eine Depression wenige Monate vorausgegangen war. Bei der letzten ging die Depression fast nahtlos in die Manie über, wobei ich sagen muss, dass ich die Übergangsphase für mich persönlich als sehr angenehm empfand.

Die ersten, für mich im Nachhinein erst als solche erkennbaren, Manien traten erst sieben Jahre nach der Erstdiagnose Depression auf. In ausgeprägter Form waren es bisher drei an der Zahl, die in einem Abstand von 2-3 Jahren auftraten und sich an Intensität und Dauer von Mal zu Mal deutlich steigerten. Die erste dauerte so ungefähr 4-6 Wochen, die nächste circa 12 Wochen und die bisher letzte, bei weitem heftigste, konnte nur noch mit einem mehrmonatigen stationären Aufenthalt in den Griff bekommen werden. Die ersten beiden verliefen auch ohne spezielle Therapie von alleine wieder im Sand. Wir alle waren uns zu diesem Zeitpunkt eigentlich nicht wirklich bewusst, was da abgelaufen war, sonst hätten wir sicher dringender auf ärztliche Behandlung beharren können. Meiner Beobachtung nach entsprachen bei Bernhard die Manien in etwa auch der Stärke der vorangegangenen Depressionen. Die Ausschläge wurden mit der Zeit immer heftiger. Bei uns war es jedoch nicht so, dass nach dem erstmaligen Auftreten einer manischen Phase sich nun Depression und Manie regelmäßig abgewechselt hätten. Die depressive Komponente war immer mal auch alleine unterwegs. Regelmäßig war es jedoch immer so, dass einer Manie eine starke Depression vorangegangen war. Also doch ein Reparaturversuch der Natur?

Zunächst muss ich sagen, dass ich mich anfangs eigentlich immer entspannt fühlte, endlich wieder befreit von der schlecht gelaunten, missmutigen Atmosphäre, wenn ich merkte, es geht wieder bergauf mit meinem Depressiven. Endlich kroch er wieder freudig aus seinem Zimmer, fröhlich, zurück im Leben, ich hatte meinen Partner wieder, auf den ich viele Wochen der Depression als Gesprächs- und Lebenspartner habe verzichten müssen.

Diese Wochen nach der öden, nervenzehrenden letzten großen Depression vor zwei Jahren waren für mich eine wunderschöne Zeit. Fröhlich stand Bernhard morgens auf und ging guten Mutes zu seiner Arbeit, die ihm nach seiner eigenen Aussage wieder so erfreulich leicht von der Hand ging. Er hatte wieder Freude an seinem Job und hat mir von vielen Erfolgserlebnissen in der Firma berichtet. Uns als Familie hat er verwöhnt, sehr oft leckeres Essen gekocht oder mich zum Essen ausgeführt, mir so Vieles abgenommen, was ich in der Depression alleine erledigen hatte müssen. Rasenmähen, Straße kehren. Und all diese kleinen Aufmerksamkeiten, die den Alltag mit einem fröhlichen Partner genussvoll machen. Die Natur hat uns irgendwie belohnt für die vorausgegangenen düsteren Monate. So schön. So hätte es bleiben können, die Kinder und ich fühlten uns so entspannt mit seiner guten Laune und Leichtigkeit. Doch irgendwie ist die Natur dann nach den sehr schönen Wochen wieder über das Ziel hinausgeschossen, als ob sie das Gaspedal nicht mehr hat loslassen können...

Hurra! Er ist wieder da! Wieder da? Nein, eben gerade wieder nicht mehr. Das typische Merkmal der Manie ist diese zwanghafte Flucht hinaus in die Welt. Und so zog er wie drei Jahre zuvor wieder los. Wohin, kein Mensch wusste es, stellte ich Fragen, bekam ich zwar plausible Antworten, die aber oft nicht stimmten, wie wir einige Male herausfanden. Schon vor drei Jahren hatten sich die Kinder zu wahren Detektiven entwickelt, um herauszufinden, wo ihr Papa wirklich unterwegs war, denn sie waren zeitweise nur noch ärgerlich über seine übertriebenen Aktivitäten und Flunkereien. Hatten wir ihnen nicht beigebracht, dass man ehrlich sein soll? Sie waren damals echt sauer und verstanden die Welt nicht mehr, was da vor sich ging. Die letzte Manie traf dann eigentlich nur noch unseren Jüngsten, Tobias, so richtig hautnah, da die beiden Älteren schon auswärts studierten und nur einige Episoden direkt mit erleben mussten. Was nicht bedeutet, dass sie irgendetwas an den Geschehnissen gefühlsmäßig weniger getroffen hätte. Was haben wir in den kritischen Zeiten oft miteinander telefoniert.

Bernhards manische Schummeleien kann ich inzwischen besser verstehen. Der Umhang wusste genau, dass die Kinder und ich von seinem dauernden unterwegs Sein genervt waren. Also musste er plausible Gründe aufführen, warum er gerade mal wieder auf Tour gehen musste. Einem Freund beim Umzug oder seinem Onkel bei der Gartenarbeit helfen, lobenswerte Tätigkeiten. Stimmte leider meist nicht! Jedoch aus seiner Sicht irgendwie wieder verständlich: sein Gemüt trieb ihn zu anderen Aktivitäten an, die vielleicht nicht unsere Anerkennung erhalten hätten: uns unbekannten, neuen Freunden den Forellenteich reinigen, ein Klettergerüst aufbauen, den Discjockey auf Partys spielen, Mithilfe bei Grillfesten. Auffallend die zahlreichen neuen Bekanntschaften, die er irgendwie überall auftat, und diesen dann überschwängliche Hilfsdienste anbot. Ich glaube der Begriff "Hansdampf in allen Gassen" könnte den Umtrieb in dieser Zeit gut zusammenfassen. Wir hätten unseren Hansdampf auch für unsere Familie brauchen können...Aber da konnte der Umhang nicht so glänzen, nicht so viel Lob einheimsen. Nicht zeigen, was für ein toller Kerl und Kumpel, hilfsbereit für jeden, er doch war. Also hat er sie uns verschwiegen, denn er wurde einfach von seinem Gemüt gemüßigt, dem Drang des Umhanges zu folgen. Und ist den für ihn einfachsten Weg gegangen...

Der Umhang hat Bernhard nach der Depression nur kurze Zeit wieder frei gegeben. Dann riss die vertrauensvolle Verbindung zu meinem Partner wieder ab. Ich musste mich zwangsläufig fragen, bin ich jetzt der Langweiler, der da nicht mithalten kann? Derjenige, der nur noch zu Hause saß, so wie er in der depressiven Phase? Was hatte ich getan, dass er nur noch von mir weg wollte? Wie hätte ich mir in der Depression gewünscht, dass wir wieder mehr zusammen unternehmen. Aber jetzt war er einfach weg. Und ich durfte vor allem nicht wieder anfangen damit, was habe ich falsch gemacht? Nichts! Innerlich habe ich mir selbst auf die Wange geschlagen, um mich wachzurütteln: Es ist nicht deine Schuld, hör endlich auf mit deinen Selbstzweifeln!

Von der ersten Manie, die eigentlich eher einer starken Hyperaktivität gleichzusetzen gewesen wäre, gab es durchaus auch Gewinner, eine Manie per se muss je nach Ausprägung nicht unbedingt schlechte Auswirkungen haben.

Wir wohnen unweit der Küste und schon viele Jahre war es Bernhards Leidenschaft mit kleineren Segelbootchen unseres Segelvereins an freien Tagen küstennah heraus zu schippern. Mit einigen Freunden zusammen hatte nun Bernhard in wenigen Wochen das kleine Vereinshaus unseres Segelvereins renoviert, alles 1A Arbeit, für die der Verein in Zeiten knapper Kassen sehr dankbar war und ihnen große Anerkennung der Segelfreunde einbrachte. Irgendwie fand ich das toll. Warum kommt nun jemand darauf zu behaupten, das war krankhaft und nicht nur eine nette Geste? Es war einfach außergewöhnlich, welche enormen Kräfte er damals zu entwickeln in der Lage war. Keine Probleme seines Bewegungsapparates, die ihm sonst zu schaffen machten, konnten ihn von diesem Kraftakt abhalten. Er brauchte nahezu keinen Schlaf in dieser Zeit, die Wochenenden wurden in Euphorie durchgearbeitet. Auch hier viele neue Freundschaften geknüpft, die aber nicht lange diesen engen Bestand hatten. Es ist leider wohl auch ein Symptom der Bipo, dass in manischen Phasen geknüpfte Freundschaften oft ziemlich abrupt wieder abgebrochen werden, das habe ich auch bei Betroffenen im Bekanntenkreis immer wieder beobachtet. Ich deute dies so, dass das veränderte Distanzverhalten, das mehr Nähe fordert, jedem das "Du" anbietet, viele neue "Freundschaften" entstehen lässt, den neuen Bekannten so Vieles zeigen und erklären will, was man doch schließlich besser weiß. Diese menschlichen Beziehungen allerdings in Normalphasen eigentlich gar nicht passen oder die Angesprochenen sich zu sehr bedrängt fühlen von den vielen Besserwissereien des Umhanges. Und dem zu Folge bald uninteressant werden oder Andere mit Absicht auf Distanz gehen.

Diese erste Manie war also irgendwie kaum negativ. In diesem Fall glaube ich, dass sie außer der übermäßigen Belastung seines Körpers, für Alle Vorteile gebracht hat. Außer vielleicht für uns, die ihn wochenlang kaum noch zu Gesicht bekamen. Aber das war ok für uns, da wir wussten, dass er seine Zeit sinnvoll einsetzte. Ich glaube, dass er diese Wochen sehr genossen hat und in dieser Ausprägung hätte ich mich mit manischen Phasen durchaus anfreunden können!

Im Rückblick sehe ich es heute als wichtig und hilfreich an, dass ich es als Ehepartner geschafft habe, ein gewisses Mittelmaß zu leben in den Wechselphasen. Nicht mit in die Depression zu verfallen oder mit der Manie in die Welt hinauszuziehen. Es war für Bernhard hilfreich, den Mittelweg weiter zu leben, um ihm eine Orientierung zu erhalten, was ein Normalzustand sein kann. Damit er, wenn immer ihn der Umhang mal wieder entließ, wusste, wo er hingehörte, und er sich wieder in das normale Familienleben einordnen konnte. Etwa so wie in der Phase zwischen der bisher schwersten Depression und der letzten beginnenden Manie, als wir einige Wochen mit unseren Kindern wieder ein fröhliches Familienleben mit viel Ausgelassenheit genießen konnten.

Für mich selbst bedeuteten diese wechselhaften Zeiten natürlich auch, dass ich mein Seelchen stark machen musste, um diesen ausbalancierten Weg oft ohne die Unterstützung meines Partners gehen zu können. Ich musste lernen, in die Richtung der Hochs und Tiefs zu schauen, aber an der Basis fest stehen zu bleiben, den Familienalltag normal am Laufen zu halten. Vor allem auch für unsere drei Kinder war diese Orientierung umso wichtiger, sie brauchten Kontinuität für ihre Selbstfindung in Teenagerzeiten. Ich musste mir immer wieder Kraft an meinen Tankstellen auftanken: Ein guter Umgang mit mir selbst, Entspannung, liebe Menschen, die mir die verloren gegangene Unterstützung zurückgaben. In irgendeiner Form musste ich mich immer wieder selbst knuddeln, um vor allem dem Sturm der Manie Stand halten zu können und über die anfängliche Wut und Verzweiflung hinwegzukommen und mich ihr so gut es ging in den Weg zu stellen, wo sie zu unverschämt zu werden drohte.

Zurück zur Manie: Die letzten beiden Male wurde der Umhang richtig unartig und begann uns, wie gesagt, anzuflunkern und manchmal sogar zornig zu werden, wenn wir nachfragten, wo es denn hin ging oder was er vorhätte. Die Kinder, die diese Phasen sehr bewusst mitbekamen und die Veränderungen mit ansehen mussten, und ich mutierten zum Ausbremser und damit zum Gegner, dem man nicht mehr die Wahrheit sagen wollte. Sehr häufig stellten unsere drei ihrem Papa Fragen, wo er denn schon wieder hin ginge oder ob er sie denn nicht nachts mal aus der Disco abholen könne? Sie mussten begreifen, dass auf Bernhard zu dieser Zeit kein Verlass war, er "Dates" mit ihnen durchaus vergaß oder viel zu spät kam. Denn der Drang sein Ding durchzuziehen, konnte so quälende Formen annehmen, denen er konsequent folgen musste und die keinen Raum für Wünsche Anderer zuließen. Drängende Gedanken übernahmen die Gewalt. Denn das Gewand hatte Anderes vor, es drängte hinaus in die Welt, Spaß ohne Ende haben, tolle Ideen entwickeln, Lob einheimsen, neue Geschäftsideen vielleicht sogar, Kaufwut, keiner durfte ihn bremsen. Er machte, was er wollte, er redete was und wie lange er wollte, bis die Stimme heiser wurde. Und er duldete nicht, wenn man ihn unterbrach, er schrie mich an, wenn ich etwas erwidern wollte gegen seine finanziell überspannten Kaufideen, die ich in meinem normalen Level rationell nicht mitgehen konnte. Mir wurde Angst, denn ich erkannte Bernhard nicht mehr wieder.

Spätestens dann begannen meine realistischen Alarmglocken zu läuten, als Bernhard uns immer mehr von dem Segelbootchen vorzuschwärmen begann, das er von seinem "neuen Freund", einem Bootshändler, günstig gebraucht erwerben könnte. Das unsere finanziellen Mittel jedoch aus meiner Sicht unnötig belasten würde und vor allem in der Anschaffung realistischer Weise nicht von Nöten war. Bisher hatten die Leihboote unseres kleinen Segelvereins völlig ausgereicht für sein Hobby. Später erfuhr ich, dass er den Kaufvertrag längst abgeschlossen hatte, ohne dies mit uns als Familie abgestimmt zu haben. Bernhards Betreuer war es später gelungen, diesen mit dem sehr einsichtigen Bootshändler wieder rückabzuwickeln. Sein Verständnis für unsere Situation und die komplikationslose Rücknahme danke ich diesem netten Menschen noch heute. Immer wieder habe ich auf unserem holprigen Weg Menschen mit sehr viel Verständnis für unsere Situation treffen dürfen, das möchte ich hier ausdrücklich mal erwähnen. Einfach spontan hilfsbereite, wie eben diesen Mann. Dank an sie!

Auch möchte ich hier schon mal vorwegnehmen, dass Bernhard auch weiter an diesem Boot hängen würde. Auch wenn er die Rückabwicklung des Kaufes erst mal zähneknirschend akzeptiert hatte. Das Betreuungsgericht hat ihm zwei Jahre später dessen Anschaffung sogar genehmigt. Alles gut, ich gönne es ihm von Herzen! Aber zu diesem manischen Zeitpunkt war das Problem einfach, dass er es weder realistisch durchgerechnet hatte, noch dass es mit uns im Rahmen des Familienbudgets abgestimmt worden war. Es in diesem Moment nicht gepasst hatte, da er ja just durch seine Kündigung auch nicht mehr über ein geregeltes Einkommen verfügte. Dieses einfach alleine Durchziehen ohne Rücksicht, ohne Kalkulieren, das machte die manische Situation so unberechenbar.

Da waren dann auch die grundlosen Lokalrunden für all die neuen Freunde oder Kuchen für zahlreiche Arbeitskollegen noch kleine unscheinbare Kaliber dagegen. Discounterangebote wurden gehortet, Dinge, von denen er in normalen Zeiten eines gekauft hätte, in fünffacher Menge. Gut, das wäre jetzt noch nichts Außergewöhnliches, würde man in guter Spendierlaune vielleicht auch selbst tun. Von den meisten wirklich krassen neuen Geschäftsideen habe ich erst später erfahren, denn Bernhard hielt diese Dinge von mir fern, weil er wohl ahnte, dass ich realistischer Weise meine Unterstützung versagen würde.

Die letzte heftige Manie hat wirklich alles übertroffen, was man sich so vorstellen kann: wie arglos der Umhang mit dem lebenslang hart erarbeiteten oder in dieser Menge gar nicht vorhandenem Geld seines Opfers umzugehen wagt. Er war wohl in Planung eines riesigen Blumenladens in einem leer stehenden Gebäude. Dem Bootshändler hatte er auf eigene Kosten eine großartige Blumendekoration in dessen Geschäftsräumen aufgebaut. Davon erfuhr ich jedoch erst, als der Händler mich darum ersuchte, diese doch bitte wieder abzubauen. Als Ehefrau wäre das schließlich meine Sache, da Bernhard inzwischen stationär in der Psychiatrie untergebracht war...

Von dem Gelingen seines geplanten Blumenladens, dessen Planung überhaupt noch keine konkreten Formen angenommen hatte, hatte ihn der Umhang dermaßen überzeugt, obwohl Bernhard mit diesem Metier nie in seinem Leben etwas zu tun gehabt hatte, geschweige denn über kaufmännisches Wissen verfügte, dass er als Krönung allen Leides auch noch seinen Lebensarbeitsplatz als leitender technischer Angestellter einer Schiffsbeladungsfirma kündigte. Einfach so, auf einem von Hand geschriebenen Zettelchen. Niemand von uns war über diesen gravierenden Schritt zuvor informiert, seine weitere berufliche Tätigkeit stand in den Sternen, dazu dann noch der Kauf des Bootes. Einfach nur noch eine manische Spitzenleistung des Umhanges! In welches Chaos uns dies als Familie stürzte, davon brauche ich eher nichts mehr zu sagen. Entspannungshilfen allein halfen mir jedenfalls jetzt nicht mehr!

Ich sah, wie der Umhang ihn schindete und für sich einnahm, Nikotin und Kaffee sollten den armen Körper am Leben erhalten, der einfach mitgerissen wurde von den geistigen Auswüchsen. Mir wurde zu allem Elend gleichzeitig Angst, dass der gefangene Bernhard körperlich zusammenbrechen könnte. Dazu meine Hilflosigkeit, dass ich sah, das Treiben muss schnellstens gestoppt werden, aber ich bekam den Umhang einfach nicht zu fassen, er entglitt mir immer wieder so geschickt. Dumm war er wahrlich nicht und trieb und trieb und trieb. Zum Verrücktwerden.

Ich habe in diesen Tagen, als uns diese Situation getroffen hat, einer Freundin gegenüber den Satz von mir gegeben: "Ich möchte nie wieder in meinem Leben eine solch hilflose Situation erleben." Ich glaube, es bezog sich darauf, dass ich wohl langsam erahnte, auf welche Katastrophe wir da zu schlitterten und einfach alleine nichts mehr dagegen ausrichten konnte. Denn eines darf man nicht vergessen: Bei aller Wut und Angst, durfte ich den Umhang nicht mit Gewalt zu Boden reißen. Auch wenn ich durchaus so empfinden konnte. Denn darunter steckte Bernhard, dem ich mit Respekt verbunden war und dem ich nicht schaden wollte. Es war mir wichtig, dass auch er heil wieder darunter vorkriechen konnte und unsere Vertrauensbasis nicht für immer zerstört würde. Respekt voreinander behalten, davon habe ich mich eigentlich immer tragen lassen und darüber bin ich froh. Denn der entfesselte Mensch ist krank und ferngesteuert von den Transmittern. Nicht er will böse, sondern der Autopilot reagiert nicht mehr.

Und wieder war ich allein. Mein Partner war nicht mehr ansprechbar für mich, eher hatte ich ob der Aggressionen sogar Panik, mich ihm in Gesprächen, wenn er denn mal da war, zu wiedersetzen. Und ich merkte, dass jetzt ein Zeitpunkt erreicht war, wo ich aktiv werden musste. Nicht mehr nur die Päckchen der Depression waren bei mir.

Denn der Umhang zieht sein Ding durch und hat doch kein Interesse an Rasenmähen. Ganz ehrlich, in der Depression wusste ich zumindest, dass nichts weiter passierte, wenn Bernhard in seinem Zimmer schlief. Aber die Manie in dieser Ausprägung machte mir einfach Angst. Ich wusste nicht, was er wo anstellte, getrieben von unwirklichen Ideen. Das Verhältnis zum Geld war gebrochen, was kostete die Welt, der Umhang wollte sie erwerben! Dieser denkt nicht mehr an Familienfinanzen und Verpflichtungen, ist bereit die Existenz aufs Spiel zu setzen.

Mein Partner war wieder weg...Und ich musste handeln. Gegen ihn. Und genau genommen für ihn. Ob ich diese Rolle nun mochte oder nicht, ausgesucht habe ich sie mir nicht. Aber ich musste in der aus dem Ruder gelaufenen Situation jetzt reagieren. Die Depression war ein Zuckerschlecken dagegen. Jetzt hieß es kämpfen gegen den Umhang und dazu brauchte ich sehr viel innere Stärke und Selbstbewusstsein. Ich musste meinen Mann befreien von dem Umhang, dem er willenlos ausgeliefert war.

Eine ausgeprägte Manie kann man als Partner nicht schadlos durch die rosarote Brille mit leben. "Schatz ich stehe immer an deiner Seite!" Das geht meiner Erfahrung nach nicht. Denn die Manie lässt die Fernbedienung manchmal zu einem Elektroschocker werden. Man entschuldige den Vergleich. Die Manie trifft denjenigen am Meisten, der emotional am Stärksten mit dem Kranken verbunden ist. Denn sie macht fordernd und rücksichtslos gegen das Ziel, das am Nächsten steht und das man am Ehesten für alles Unglück dieser Welt verantwortlich machen kann: mich!

Spätestens als ich merkte, dass er sich und seine und unsere Existenz zu bedrohen begann, war es meine Pflicht, ärztliche und amtliche Hilfe zu holen. Was extrem schwierig war, denn er fühlte sich doch gut, voller Tatendrang, voller Geschäftsideen, warum denn zum Arzt? Aber ich musste helfen, ich musste es irgendwie schaffen, ihm zuliebe. Bevor er sich selbst alles kaputt gemacht hätte, was er und ich uns unser Leben lang aufgebaut hatten. In einer normalen Phase würde er dies schmerzlich bereut haben, das wusste ich. Ich musste aktiv werden, aber schnell! In einem enormen Kraftakt, psychologisch meine ich, habe ich es schließlich geschafft, Bernhard davon zu überzeugen, sich freiwillig in stationäre Behandlung zu begeben. Ich glaube, das war einer meiner größten Liebesdienste, die ich ihm in meinem Leben geleistet habe und seiner an mich, dass er sich von mir zu diesem Schritt hat überreden lassen.

Gute Freunde haben mir von einer entfernten Freundin erzählt. Nach einer heftigen Manie hatte sie nach langer Zeit wieder Kontakt zu ihnen gesucht. In erstaunlicher Krankheitseinsicht erzählte sie ihnen, dass sie eigentlich jetzt ihre einzigen verbliebenen Freunde seien. Alle anderen hätte sie mit ihrem rücksichtslosen Verhalten für immer vergrault, sie wollten nichts mehr von ihr wissen. Unsere Freunde haben sehr gut verstanden: Sie waren noch ihre Freunde, weil sie gerade in ihrer schweren Zeit keinen Kontakt mit ihr hatten, sonst wären sie es wahrscheinlich heute auch nicht mehr.

Was ich damit ausdrücken möchte ist nicht Pessimismus, sondern, nicht meinen, blauäugig Seite an Seite zusammen durch Extremphasen gehen zu können. Ich musste lernen, eine Schutzmauer zu errichten, durch die dieser manische Elektroschocker nicht durch kam. Sonst wäre ich als Bezugsperson nicht heil raus gekommen. Hätte den Attacken nicht standhalten können und demzufolge Reißaus nehmen müssen.

Dieser manische Autopilot verzerrt mich und meine gutgemeinten Hilfestellungen total und lässt mich zum

Gegner werden. Die Manie nimmt keine Rücksicht auf Gefühle des Gegenübers, sie respektiert nicht, sie missachtet bisweilen Regeln guten Benehmens, sie macht, was sie will. Und hier muss ich mich selbst schützen. Frust und Verzweiflung übernimmt sonst bei mir das Ruder, wenn ich mich zu Unrecht angegriffen fühle für Dinge, die ich unter größter Kraftanstrengung auch für ihn geschafft habe. Danke sagen kann der Umhang nicht. Er ist gegen mich aufgebracht.

Spätestens jetzt war es Zeit, dass ich mir einen Puffer für diese schwierige Phase errichtete. Sonst wäre ich hier nicht mehr heil raus gekommen und hätte Reißaus für immer genommen. Vor dem Umhang. Aber Bernhard darunter war mir doch wichtig. Ich brauchte ein Medium, das die Vorwürfe und Aggressionen in dieser Phase abzuschmettern wusste. Lügen, Aggression, Vorwürfe, Rücksichtslosigkeit. Welche gleichberechtigte Partnerschaft kann dies sonst aushalten?

Eine Möglichkeit fand ich zunächst darin, die Ausdrucksform und sein Verhalten nicht „ernst" zu nehmen und zu werten, als das, was es war: manisches Geplapper und Gestik des Umhanges. Wenn ich jedes Wort dieser Phase auf die Goldwaage gelegt hätte, hätte ich längst beleidigt und zutiefst gekränkt das Weite suchen müssen. Nein, so musste ich mich von Bernhard wirklich nicht beleidigen und behandeln lassen! Wenngleich ich den gedanklichen Hintergrund schon in einzelnen Fakten zu hinterfragen begonnen hatte. Den Vorwurf der empfunden Unterdrückung zum Beispiel haben wir später gemeinsam entkräften gelernt, indem wir Leine gegeben haben durch getrennte Wohnungen und uns dadurch beiderseits mehr Freiheit für eigene Entscheidungen und Wünsche schufen. Denn auch ich forderte nun mehr Freiraum, damit ich nicht mehr so schnell in eine Unterdrückerrolle hinein geredet werden konnte. Es brachte uns nicht weiter, zu sagen, ich gehe durch dick und dünn mit dir, egal was auch kommen mag. Sondern: ich gehe weiter mit dir, bin für dich da, wenn du mich brauchst. Aber ich sitze dir nicht mehr "auf der Pelle", wenn deine Krankheit etwas von dir einfordert, das mich und dich überfordert. Was wir zeitweise nicht in Einklang bringen können. Was dir das Gefühl bringt, mich anlügen zu müssen, um den Forderungen deines Transmitter-Spiegels Folge leisten zu können. Mich zum Gegner werden lässt, weil die Fernbedienung falsche Signale sendet. Die Schutzmauer muss sein, das haben er und ich nun endlich begriffen:

"Frei-", nicht "Fallen"lassen!

6. Meine Rolle als „Vermittler" - Was ist los mit Papa?

Es gibt kaum eine größere Enttäuschung,
als wenn du mit einer recht großen Freude im Herzen
zu gleichgültigen Menschen kommst.
Christian Morgenstern

Wie in unserem Fall mischt sich die Bipo auch in Familien ein, in denen Kinder mit auf dem Weg unterwegs sind. Diese, ob älter oder jünger, ich nenne sie nun einfach mal die "Kinder" in der Rolle eben des Abkömmlings eines psychisch Erkrankten, werden natürlich auch in die Veränderungen mit einbezogen. Ob sie psychisch schon reif und standfest genug sind oder nicht, um verstehen zu lernen, was da vor sich geht, sie werden automatisch mit betroffen, denn auch sie hängen normalerweise mit an der emotionalen Schnittstelle. Wäre ja auch schlimm, wenn nicht...

Selbst bei größtmöglicher liebevoller Verbundenheit finden sich Kinder natürlich auf einem anderen Beziehungslevel als der Ehepartner, immer sollte auch bei moderner Erziehung ein gewisses Autoritätsverständnis gegenüber dem Elternteil vorhanden sein. Dass man eben auf den Papa oder die Mama "hört", wenn er oder sie etwas anweisen und gemeinhin sollten Eltern in ihrer Vorbildfunktion das kindliche Verhalten prägen.

An diesem Punkt kann nun leider unsere Bipo ihre Unartigkeit schmerzhaft offenbaren. Viele Fragezeichen können dadurch in dem Gemüt von Kindern aufgeworfen werden, die, wie in unserem Falle, etwa gerade in der Pubertät auf der Suche nach ihrer eigenen Identität sind. Der Halt des Elternhauses, der einem jungen Menschen die notwendige Stabilität in seinem Reifungsprozess vermitteln soll, kann ins Wanken geraten. Viele Unsicherheiten können sich hieraus ergeben.

Bernhard, der tolle Kumpel unserer drei Kinder, der immer ein super liebevolles Verhältnis zu ihnen hatte, oft unterwegs war mit ihnen z.B. zu Sportveranstaltungen, wurde nun allmählich vom depressiven Umhang eingeholt, mit der Folge, dass er körperlich und seelisch oft niedergeschlagen nicht mehr für Unternehmungen mit den Kindern in der Freizeit zur Verfügung stand. Dazu mental nicht mehr belastbar genug, um in kritischen Situationen souverän ruhigbleibend reagieren zu können.

Wir hatten die Situation, dass unser Ferdinand, ein sehr guter Schwimmer, die Möglichkeit bekommen sollte, dreimal wöchentlich abends auswärts an einem Kadertraining teilnehmen zu können. Von meiner Seite konnte ich das wegen meiner Arbeitszeiten nicht leisten und wir waren schon daran, es abzusagen. Bernhard erklärte sich dann aber zu der Bildung einer Fahrgemeinschaft mit anderen Eltern bereit, zwei Mal in der Woche wollte er seinen Feierabend dafür opfern. Eine tolle Geste, fand auch Ferdinand, "super, danke Papa!" Nun war es dann aber leider so, dass schon nach wenigen Wochen eine der ersten depressiven Phasen zuschlug und Bernhard die Termine immer häufiger absagen musste. Zunächst übernahmen die Fahrgemeinschaftseltern dann spontan, doch Bernhard zeigte bald überhaupt keine Ambitionen mehr, überhaupt nochmal zu fahren. Ferdinands Gesicht wurde immer länger und die andere Familie war überhaupt nicht mehr davon begeistert, dass sie nun die Dienste ganz alleine schultern mussten. Fühlten sich wahrscheinlich getäuscht von Bernhard, damit Ferdinand nun nur noch mit ihnen fahren sollte. Ich denke schon, dass es Ferdinand sehr peinlich war, dass sein Papa die zunächst tolle Unterstützung nun einfach im Sand verlaufen ließ. Die Bürde an die fremden Leute übertrug. Es gab ja äußerlich keine sichtbaren Krankheitszeichen und so unterstellte die andere Familie sicher einfach faule Bequemlichkeit bei Ferdinands Papa. Auch ein Kadertrainer äußerte sich Ferdinand gegenüber abfällig in dem Sinne: "Tja, wenn deine Eltern auch zu faul sind, dich zu fahren...!" Solche Dinge waren sicher nicht so einfach wegzustecken für einen Teenager, ein bisschen fühlte er sich sicher im Stich gelassen.

Unsere Kinder erlebten die Anfangsphasen sicher nicht anders als ich: Sie spürten in ihrem Unterbewusstsein das zeitweilige "anders" Werden des Papas, das schwierigere Durchkommen ihrer und seiner Gefühle durch den Umhang, die schwächer werdenden Rückmeldungen. Interessierte er sich nicht mehr für die Schulnoten oder hatte er keine Lust, mal ein Referat Korrektur zu lesen? Stattdessen das Wochenende schlafend im Bett zu verbringen? Für den an sich liebenden Papa, der sich normalerweise dafür interessiert hätte, sicher zusätzlich belastend. Für ihn musste es noch deprimierender gewesen sein, nicht mehr so intensiv für seine Küken da sein zu können, wie er das gerne mochte. Das Lachen und Spaßen mit ihnen fiel oft so schwer, was für ein Elend. Für mich als Mutter und Partner war das oft sehr schwer mit anzusehen, geschweige denn zu akzeptieren, was da vor sich ging.

Vor allem die Jüngeren, Ferdinand und Tobias, mit denen ihr Temperament und Launen ja natürlicherweise auch durchgehen durften, die gerne mal kleine Machtkämpfe miteinander führten, konnte es in besonderen Situationen treffen, dass der Umhang durch Überforderung dann auch mal unwirsch wurde, Bernhard unerwartet laut reagieren ließ. Eine Situation, die zu dem gesunden Papa niemals gepasst hätte, die man nicht kannte. Das führte zu Unsicherheit bei unseren beiden Wilden, weil sie manche Situation nicht mehr adäquat einschätzen konnten. Sie wussten, wie ich, noch nicht, dass es der Umhang war, der da gerade mit ihnen schimpfte für ein Verhalten, das nicht schimpfenswert war.

Und was für eine Folge hatte das? Es ging ihnen so wie mir in der Anfangsphase: sie begannen die Schuld bei sich zu suchen. Was war an dem eigenen Verhalten so verkehrt, dass diese unerwartete Reaktion gekommen war? Ich konnte es an ihren fragenden Minen ablesen oder manchmal fragten sie mich auch direkt, warum der Papa jetzt so oft laut herum schreien würde? Ich denke, manchmal kamen bei ihnen vielleicht auch Gefühle auf wie, "hat er mich vielleicht nicht mehr so lieb, weil er sich nicht mehr so viel um mich kümmern und mit mir unternehmen kann?" Aber warum? Auch darauf war zunächst keine Antwort zu finden und die liebevoll kindliche Prägung mag ein bisschen zu wackeln begonnen haben.

Ich, die solche Situationen miterleben musste, konnte nur wieder sagen: So ein Mist! Denn die Liebe war immer da, ich weiß um die gegenseitige absolute Wertschätzung, wie sehr Bernhard an den Kindern hängt, dass er alles für sie tun würde, wie auch sie für ihn. Dieser blöde Umhang! Was denkt der sich dabei, den Papa phasenweise einfach von der Gefühlsübertragung auszuklinken? Unverschämt, ging es mir durch den Kopf! Glücklicherweise hatten wir es in dem jüngeren Alter der Kinder nur mit den selten auftretenden schwierigen Phasen zu tun. Und so hatten wir alle als Familie immer wieder die Möglichkeit auf die besseren Phasen zu hoffen. Und mit der Zeit lernten auch die Kinder sich mit Vielem zu arrangieren. So wie ich, die Gefühle zeitweilig in Quarantäne zu schicken. Und trotzdem, einfach war das für unsere Sprösslinge nicht.

Sogar zu Schauspielern mussten sie bisweilen mutieren, nicht um etwas böswillig vorzugaukeln, sondern um uns allen eine Chance zur eröffnen, verfahrene Situationen zu retten und Bernhard die Möglichkeit zu geben, ohne Gesichtsverlust nach Auseinandersetzungen, die eigentlich der Umhang mit uns führte, als Papa wieder respektvoll zu uns als Familie zurückzukehren:

Ich erinnere mich an eine Situation in Bernhards zweiter Manie, der Umhang laugte ihn gerade total aus, immer, immer weg, den fehlenden Schlaf mit Koffein und Nikotin ersetzen… wir wollten am nächsten Tag mit dem Familienauto zu unserer langen Urlaubsfahrt aufbrechen und es wurde mir Angst, wenn ich mir vorstellte, dass unser Nervenbündel es steuern würde. Ganz, ganz vorsichtig, versuchte ich ihn zu bitten, ob nicht ich oder unsere Älteste, die nun auch den frischen Führerschein hatte, fahren könnte? Weil er doch eben recht übermüdet sei in letzter Zeit….Meine Vorsicht war vergebens: Der Umhang explodierte, ihm war es egal, wie vorsichtig man sich ihm näherte, wer ihm in die Quere kam, musste „runtergebügelt" werden. Und so verließ Bernhard polternd und schreiend das Haus, dann würde er eben überhaupt nicht mit fahren, wir könnten unseren Urlaub ohne ihn besser genießen...

Meine lieben Drei, sie haben sich so toll verhalten in dieser Situation: denn er würde uns fehlen und außerdem wir konnten den Papa in dieser Verfassung einfach nicht alleine zu Hause lassen, wir hatten Angst, würde der Umhang sorgsam mit unserem Haus umgehen können, den Herd ausschalten, seine Kerzen auslöschen? Nein, irgendwie mussten wir ihn dazu bewegen, mit zu kommen, sonst würde für uns alle das kein Erholungsurlaub werden können. Und so verbündeten wir uns zu einem Notschauspiel, und wie schön konnten wir den Papa damit aus dem Umhang hervorholen: die Kinder sagten ihm, dass sie auf keinen Fall ohne ihren Papa fahren würden und dass Lena nach einer vor kurzem überstandenen Grippe so dringend diese Luftveränderung bräuchte und er ihr doch bitte dazu verhelfen sollte, sie nicht im Stich lassen. Und so schafften sie es, dass der liebende Papa Bernhard den Umhang öffnen und für diesen Moment besiegen konnte...und so sind wir alle am nächsten Tag in Urlaub gefahren, mit Lena am Steuer. Wir hatten es mit unserer Inszenierung schaffen können, dass Bernhard sein Gesicht wahren konnte. Eine Glanzleistung, die unsere Küken da für die Harmonie der

Familie und den Respekt für Bernhard vollbracht hatten, auf sie war immer Verlass, wenn „Not" am Mann war, so schwierig manche Situationen sicher auch für sie zu verarbeiten waren.

Und ich musste als der gesunde Elternteil auch hier feinfühlig spüren lernen, wo einzugreifen war, damit unsere Kinder nicht überfordert würden von den Gegebenheiten. Musste in schwierigen Zeiten das tragende Netz für ihre Entwicklung aufspannen. Nicht ganz einfach in Phasen, in denen ich es vielleicht selbst gebraucht hätte zum mich fallenlassen. Aber gerade als Mutter hat es mir auch immer viel Kraft zurückgegeben, wenn ich in schwierigen Situationen für sie da sein konnte. Auch war es etwas, das ich für Bernhard tun konnte, wenn ich ihm auch sonst oft nicht viel helfen konnte, wenn er gerade mit sich selbst am Kämpfen war. Dann ging ich eben zum Elternsprechtag...

In dem Moment, in dem ich endlich wusste, mit welcher Erkrankung wir es zu tun hatten, wo also die Knackpunkte des Umhanges zu suchen waren, konnte ich natürlich anfangen, in langen Gesprächen mit den nun älteren Kindern viele Fragen offen aus zu diskutieren. Als ältere Jugendliche waren sie nun noch einsichtiger. Zu erörtern, dass Bernhard weiter da war mit seiner Liebe zu ihnen, nur die Ausdrucksform gerade schwächelte. Sein Körper und seine Seele ankämpften gegen bleierne Müdigkeit und er deshalb gefangen für Unternehmungen gerade nicht zur Verfügung stand. Sie konnten lernen, sein Verhalten genauso wie ich als Krankheit zu verstehen und nicht als bösen Willen oder Lieblosigkeit. Ich versuchte zu vermitteln, dass die Zuneigung wie immer zwar da war, aber nicht übermittelbar. Phasenweise unterdrückt vom Umhang. Obwohl wir sehr viel redeten, so war es für sie trotz aller Theorie im Alltag nicht so leicht zu tolerieren, dass der Papa sich phasenweise anscheinend für viele ihrer Dinge einfach kaum noch interessierte.

Als wir damals die schwierige Situation des manischen Heimurlaubs überstanden hatten und Bernhard ins Krankenhaus zurückgekehrt war, erinnere ich mich genau an Lenas Enttäuschung: "Papa hat nur von dem Krankenhaus und sich erzählt...nichts gefragt oder wissen wollen über uns, wie es in meinem Studium läuft, was mich so bewegt, wie sich die vergangenen Wochen für mich dargestellt haben. Dabei wäre doch so Vieles zu besprechen gewesen. Interessiert er sich gar nicht mehr für uns?" Die Manie hatte sie als Tochter genauso im Stich gelassen wie mich als Ehefrau. Bei allen meinen Versuchen des Ausgleichs haben sie ihren wahren Papa schon sehr vermisst in diesen Zeiten.

Es ist unglaublich, wie feinfühlig sie mit der Zeit unterscheiden lernten, was ist dem depressiven, was dem manischen Umhang zuzuordnen? Und wie ich auch, den Unterschied irgendwie akzeptieren lernten, was ist Umhang, was ist ihr liebender Papa, der zeitweise von diesem aus ihrem Einflussbereich genommen wurde. Mitnichten so easy, wie sich das hier anhört. Aussagen wie, "Papa ist wieder so viel unterwegs und was hat er wieder alles eingekauft, ist er manisch?" konnten schon mal vorkommen.

Ich fand mich in einer gewissen Vermittlerrolle wieder, mit der ich mich zum Wohle meiner Lieben aber sehr intensiv auseinander setzen musste. Der ich mich nicht entziehen durfte, sollte es hier nicht zu negativen Prägungen kommen. Was konnte ich tun? Gar nicht so einfach hier richtige Antworten zu finden…

Ich versuchte ihnen, so gut es ging, vorzuleben, Bernhard weiter in liebevoller Achtung und in normaler Rolle zu begegnen. Denn für dessen Psyche war es sehr wichtig, zu wissen, dass sie ihm weiterhin emotional eng verbunden blieben, auch wenn die Kontaktstelle zeitweise durchhing. Für ihn wäre es fatal gewesen, wäre er von den

Kindern "links liegen" gelassen worden, wenn der Umhang ihn phasenweise gerade zur Seite zog.

Schwierig, dass Papa einerseits weiterhin die Autorität und das Vorbild spielen sollte, andererseits der Umhang ein Verhalten an den Tag legen konnte, das als Vorbild so nicht akzeptabel war. Würde er hinken, kann man sich leicht abgrenzen, man wird es nicht nachahmen. Wenn Tobias aber auf seine fröhliche Frage, "und wie geht`s?" vom Umhang die Antwort erhielt: "es muss..." dann war hier ein Punkt erreicht, wo ich nicht mehr dazu schweigen konnte. Das sollte nicht das sein, was ich Tobias mit auf seinen Lebensweg geben wollte. Zumal ich wusste, dass es auch nicht das war, was ein gesunder Bernhard seinem Kind vorleben wollte. Wie konnte ich meinem Sohn meine andere Meinung herüber bringen, ohne seinen Vater noch mehr zu kränken? "Das ist doch Mist, was du da dem Kind erzählst" wollte es aus mir heraus platzen, mein Respekt und die Achtung vor Bernhard, die ich andererseits auch Tobias nahe bringen wollte, verboten mir, dies aber auszusprechen.

Es häuften sich Situationen, in denen ich mich entscheiden musste zwischen meiner Rolle als respektvollem Partner und als Mutter, die positives Verhalten vorleben möchte: Das Besondere an unserem gesunden menschlichen Gemüt ist es doch, dass die intelligenten Großhirnaktionen durch die gefühlsmodifizierenden Gehirnareale unsere zunächst neutralen Aktionen zu schönen und glücklichen werden lassen. Und das genau kehrt vor allem die Depression um, es werden unglückliche, unerträgliche daraus. Die Manie wiederum übertreibt es maßlos und macht sie zu unrealistischen, übertriebenen Aktionen.

Mein Innerstes, das dieses "Es muss..."-Vorleben als Mutter nicht mit ansehen konnte, begann sich in solchen Situationen zu wehren, zu rebellieren. So konnte ich nicht mitfühlen, bei allem Mitgefühl! So konnte ich nicht vorleben und auch der Respekt vor dem gefangenen Erkrankten gebot es mir, die Rolle der Erziehungsberechtigten für eine krankhafte Zeitspanne an mich zu reißen. Nicht den anderen Part zu unterdrücken, aber für eine Weile ans Ruder zu gehen, damit die Erziehung eben nicht aus dem Ruder läuft.

Denn ich wollte mit allen Mitteln, die mir zur Verfügung standen, versuchen, unseren drei Kindern zu vermitteln: Das Leben ist lebenswert, ist wunderschön, Aufgaben können mit viel Power und Elan angegangen werden. Nicht: "es muss..."! Dinge wie Fleiß, Ausdauer, Willensstärke, positive Lebenseinstellung, das unbeschwerte glücklich Sein, das möchte ich meinen Kindern mit auf den Weg geben. Und wenn der Vater dies zeitweilig nicht mehr vorleben konnte, dann musste die Mutter dringend diesen Part übernehmen. Aber bitte mit Fingerspitzengefühl, denn so sehr es manchmal auf der Zunge zu liegen schien, der Respekt ließ es mich herunterschlucken: die Kritik an depressivem oder manischen Verhalten. Die Kinder brauchten Positives, dessen Vermittlung ich übernehmen sollte, nicht negatives Kritisieren, negative Stimmung fühlten sie schon genug. Die Balance war wichtig wieder herzustellen. Diese meine zwei unterschiedlichen Standpunkte forderten oft widersprüchliche Herangehensweisen. Eine davon zog leider dadurch immer mal den Kürzeren, was sich aber nicht vollständig verhindern ließ, ich musste das kleinere Übel abwägen. Das kranke Seelchen unter dem Umhang oder das sensible Seelchen des Kindes, einem von beiden musste ich in manchen Situationen leider auf die Füße treten. Mein Signal konnte zudem auf einer Seite falsch ankommen. Aber das durfte mich nicht daran hindern einzugreifen, wo es von Nöten war. Was mein eigenes Seelchen in solchen Momenten anging, so musste es manchmal zurückstecken, auf das konnte ich dann nicht auch noch Rücksicht nehmen. Manchmal musste ich als Mutter einfach funktionieren, das kennt jeder.

Nun kommt aber das große "Aber", das ich inzwischen selbstbewusst für mich einfordere: es mochte eine Zeitlang derart gelingen, aber dann musste auch ich wieder an meine Tankstelle, die mich mit neuer Kraft ausstattete und mich mit viel Positivem auftankte. Sonst konnte ich dieses nicht an meine Kinder weitergeben, denn ich wäre leer gelaufen...

Die beiden ausgeprägten letzten Manien setzten den Kindern mindestens genauso zu wie mir. Die letzte erwischte die beiden Großen, Lena und Ferdinand nicht mehr ganz so heftig, da sie inzwischen auswärts studierten, aber sie kannten die Problematik noch sehr gut von der vorangegangenen. Sie erklärte sich für die Kinder von selbst durch ihr offensichtlich wirsches Verhalten, das wir alle leider schon kannten. Ich brauchte da nicht mit Einflussnahme zu reagieren, dass man sich dieses Verhalten nicht absehen sollte. Ich denke, dass es keiner großen Erklärungen bedurfte, dass man sich die rastlose Umtriebigkeit, Forschheit, das einfordernde Wesen, eventuelle Lügen und verbale Aggressionen nicht zum Vorbild nehmen sollte. Unsere Kinder waren mit um die zwanzig nun schon in der Lage, die Vorgänge richtig einzuordnen. Ich musste nun eher befürchten, dass es mir in dieser Ausnahmesituation nicht mehr gelang, als Vorbild zu fungieren. Sehr sensibel merkten Lena, Ferdinand und Tobias wie sehr mir die Situation selbst zu schaffen machte, wie hilflos und verzweifelt, überfordert ich sein mochte. An ihren Reaktionen spürte ich das Mitleid, das sie für mich in dieser Zeit empfanden und die Achtung davor, wie ich die Ärmel hochzukrempeln begann, als ich reagieren musste. Sie boten mir immer wieder ihre Unterstützung an, halfen mit, wo es ging, so wie man in einer Notsituation eben zusammen hält. Wenn das sichere Nest des Zuhauses Risse bekam, wenn existenzielle Sorgen mich zu plagen begannen. In dieser Lage wurden wir absolut zu gleichberechtigten Partnern, die zusammenhalten mussten, gemeinsam über Lösungen nachdachten und diskutieren, z.B. als der Papa seinen Job gekündigt hatte. Keiner so recht wusste, wie es weiter gehen würde. Ich brauchte jetzt die Hilfe der "Kleinen" mehr denn je und sie haben mich wahrlich bestmöglich unterstützt. Irgendwie hat diese Zeit uns auch auf eine besondere Weise zusammen geschweißt, ein durchaus positiver Effekt der Bipo.

Was ich für mich in all den Jahren immer höchste Priorität hatte war, neben dem Respekt die Krankheit als ein Schicksal zu sehen, mit dem wir fertig werden mussten. Und wenn ich in schwierigen Situationen etwas Positives weiter geben konnte, dann die Art und Weise, wie ich mich den Schwierigkeiten stellen lernte, als der erste Schock vorüber war. Wie ich Selbstbewusstsein aufbauen konnte und Stück für Stück Ordnung in den Scherbenhaufen der letzten Manie zu bringen versuchte. Wie man mit den Aufgaben, die das Leben stellte auch wachsen konnte und sich ihnen nicht zu leicht ergeben sollte.

Jedoch so positiv meine Balanceakte auch klingen mögen, so sehr muss man auch erkennen, dass Kindern diese Erkrankung eines Elternteils viel abverlangt an Verständnis. Akzeptieren von krankheitsbedingten zeitweiligem Verhalten, das ihnen so nicht zugestanden wird. Wo sie enttäuscht werden von dem Persönlichkeitswechsel des Vertrauten und Hoffnung lernen müssen, dass es bald wieder so wird wie vorher. Wo sie lernen sollen abzugrenzen, der Umhang darf sich etwas "herausnehmen", was von mir so nicht akzeptiert wird. "Warum soll ich helfen, der Papa macht es doch auch nicht!" Wo sie manchmal auch "Stopp" sagen lernen mussten vor dem manischen

Umhang, wenn er sie zu Aktionen oder Lügen aufforderte, denen sie nicht folgen konnten. "Ich warne dich, sag der Mutter nichts von dem neuen Boot!" Wie sollte Lena darauf reagieren? Eine Order, von der sie wusste, dass sie sie nicht einhalten sollte. Der sie nicht zustimmen sollte. Sich richtiger Weise gegen die Person stellen, die eigentlich Autorität für sie sein sollte? Abgrenzen lernen, dass das eben nicht der Mensch ist, dem sie vertrauen und den sie lieb hatte, sondern der unwirsche Umhang, der zeitweise Angst und Wut hochkommen ließ.

Solche Situationen taten mir weh, keine Frage. Auch ich musste erst damit umgehen lernen. Immer wieder versuchen, schwierige Situationen auszubalancieren. Lena sagen, dass es in diesem Falle richtig war, dem Papa nicht Folge zu leisten. Oder dass Tobias die vom Papa telefonisch angeforderte Tortenbestellung für die gesamte psychiatrische Station nicht durchführen sollte. Dass es in Ordnung war, "nein" zu sagen. Wann erklärt man seinem Sohn schon mal, "hör nicht auf Papa?"

Auf der anderen Seite dann ein bisschen von der Liebe auszugleichen, die der Umhang gerade nicht durchließ. Die Arme anzubieten, die der Mantel gerade versteckt hielt. Ich wurde zeitweilig ein bisschen zu Bernhards Vertretung. Ersetzen konnte ich ihn sicher nicht, wollte ich auch nicht. Aber vertreten, bis er wieder herauskroch.

Es ist leider oft nicht leicht, die beiden Standpunkte als Mutter und Partner in schwierigen Situationen zu vereinbaren. Mitleid mit dem kranken Mann vermischt mit gleichzeitiger Wut über das Vorleben des Umhanges. Keine Kritik an dem Kranken üben zu wollen, für sein eigenes Selbstbewusstsein sowie auch um die Autorität vor den Kindern zu erhalten. Gleichzeitig aber auch den Kindern zu signalisieren, so geht das für euch nicht, das ist kein erstrebenswertes Verhalten. Macht das nicht so in euerm Leben. Guckt euch das nicht ab! Von dem Menschen, der eigentlich euer Vorbild ist und auch sein sollte. Blendet sein Verhalten für eine Zeit aus, bis der gesunde Papa wieder unter dem Umhang heraus kommt.

Es ist sicher alles andere als einfach. Sie werden mir zustimmen. Aber ich denke, es lohnt sich, bei aller Komplexität der Zusammenhänge. Das Wichtigste war mir, den Respekt und die Achtung vor dem Menschen selbst vorzuleben und diesen bei aller Erziehung in den Vordergrund zu rücken. Verhalten und Gemütslagen darf oder muss man aus Verantwortungsgefühl in Frage stellen dürfen. Den Kindern die Orientierung geben, was ist erstrebenswert, was ganz und gar nicht. Und immer wieder klar zu machen, das ist unter Umständen ein nicht tolerables Verhalten, eine krankhaft veränderte Gemütsverfassung. Aber es ist nicht gleichzusetzen mit dem Menschen Bernhard, den wir als Person schätzen und gern haben. Auf den wir uns wieder freuen, wenn es ihm besser geht. Es war ganz sicher alles andere als einfach, diese Einstellung durchzuhalten und zu leben. Aber es konnte in schwierigen Situationen immer wieder eine Leitlinie sein, wenn ich einmal nicht weiter wusste oder wie ich entscheiden sollte.

Dass mein Weg mit unseren Kindern nicht ganz verkehrt gewesen sein kann, beobachte ich neuerdings, wenn ich Gespräche von der erwachsenen Lena mit ihrem Papa beobachten kann. Mit welcher Selbstverständlichkeit sie ihm heute auch mal deutlich zu verstehen gibt, wenn sie seine Gedankengänge nicht für realistisch hält. "Was willst du mit diesem Segelboot, ich halte es für total übertrieben und werde sicher nicht mit fahren!" Wohlgemerkt bei sonst gutem Einvernehmen der zwei. Oder als es um den Abschluss unseres Ehevertrages ging und Bernhard wohl etwas ins Wanken gekommen war, ob das wirklich notwendig sei. "Natürlich Papa ist das von Nöten, oder willst du uns wieder in solch eine schwierige Situation manövrieren wie damals? Das hat uns gerade gereicht!" Lena hat offensichtlich gelernt, die Gegebenheiten zu akzeptieren wie sie sind und klare Lösungswege mit zu gehen. Und diese ihrem Papa auch selbstbewusst zur Kenntnis zu bringen. Gleichzeitig aber auch ihren Vater weiter als ihre ernstzunehmende Bezugsperson zu akzeptieren, mit der man durchaus auch mal Späßchen über die schwierigen Ereignisse zu machen wagt. "Benimm dich Papa oder willst du wieder anfangen zu randalieren, wie damals auf Station?"

Ich bin stolz auf unsere Drei, wie sie diesen holprigen Weg bisher mit uns gegangen sind, sich mit ihm arrangiert haben, Verständnis für besondere Lebenslagen aufbringen lernten und sich zu wunderbaren, selbstbewussten jungen Menschen entwickelt haben.

7. Meine Alltagsengel

Ach, was klingt das kitschig, wer spricht denn heute noch von Engeln? Ich tue es trotzdem, denn für mich kann ein Engel ein Mensch sein, der es uneingeschränkt gut mit mir meint, immer zu mir hält, immer da ist für mich, wenn ich ihn brauche und mir einfach nur gut tut. Und das besonders in Momenten, in denen ich Hilfe und Unterstützung brauche. Und genau das sind die Menschen und Gewohnheiten für mich geworden, die ich so betitele und die ich nicht mehr missen möchte. Sie sind auf jeden Fall der große Gewinn aus unserer krankheitsbedingten familiären Krise für mich geworden. Niemals hätte ich mich so intensiv auf die Suche nach meinen Helfern gemacht, wenn ich mich nicht so oft alleine großen Herausforderungen hätte stellen müssen. Die Intensität meiner Suche nach neuen Kraftquellen "verdanke" ich mit Sicherheit Bernhards bipolarer Störung, die mich zu solchen Reaktionen veranlasste. So komisch das klingen mag.

Bitte seien Sie mal ganz ehrlich: Wem würde es anders ergehen? Wenn das Lächeln des Menschen, der dich am häufigsten angelächelt hat, erstarrt, dann suchst du dir ein neues. Wenn der Mensch, dem du das Meiste zu sagen hattest, dich nicht mehr in der Form verstehen kann, wie es für dein eigenes Wohlbefinden wichtig ist, dann suchst du dir einen anderen Gesprächspartner, der mehr Verständnis für dich aufbringen kann. Wenn der Mensch, dem du am meisten gefallen möchtest, dir keine Anerkennung mehr schenken kann, dann suchst du dir eine neue Kraftquelle. Wenn dir die Verlässlichkeit deines Partners verloren geht, dann lernst du dich auf dich selbst zu verlassen. Das alles machst du automatisch, weil dir diese Dinge zu fehlen beginnen. Das machst du nicht, um den Partner zu kränken, sondern um den Leerraum in dir wieder aufzufüllen und zu stärken. Das machst du, weil du es dir selbst und deinem Leben, das du liebst, schuldig bist.

Ich mag viel kritisiert worden sein für meine unkonventionellen Wege, die ich dafür eingeschlagen habe. Nur haben die Kritiker eins nicht verstanden: ich habe es aus meiner Sicht nie gegen meinen Partner getan, sondern für mich selbst, um stark zu bleiben für meine Familie. In diesem Punkt bin ich inzwischen so selbstbewusst geworden, dass ich mich von niemandem mehr dafür kritisieren lasse. Von niemandem, der nicht dieselbe Situation wie wir durchlebt hat und daher überhaupt kein Recht hat, etwas zu beurteilen. Und ich denke, dass der Erfolg, wenn man es denn so nennen darf, uns Recht gibt. Ich habe auf diese Weise in den kritischen Zeiten für Bernhard das Familienschiff viele manisch-depressive Jahre manövrierfähig gehalten. Diese Wege waren also für mich persönlich und unsere Familie die richtigen.

Ich denke, nicht welche Hilfen ich mir suchte, ist entscheidend, sondern dass ich den Mut hatte, zu mir selbst und meinen Unterstützern zu stehen. Und überhaupt mir diese Hilfen auch zu suchen. Zu merken, das tut mir gut, das hilft mir weiter, gibt mir Bestand. So wie ich durch belastende Situationen in meinem Umfeld Kraft lasse, so muss ich mein mentales Ego in den Arm nehmen dürfen und knuddeln. Anders kann es nicht gut gehen auf dem holprigen Auf und Ab des manisch-depressiven Weges, wenn ich ihn als Partner mitgehen möchte.

Ich habe mir wertvolle Gespräche im Internet gesucht mit Menschen, die vielleicht mit ähnlichen Situationen klarkommen mussten. Menschen, die mich zum Beispiel daran erinnert haben, ob ich denn heute schon den Mond betrachtet hätte? Oder den bunten Schmetterling? Oder den Vogel nur für mich hätte singen hören? Klingt wieder kitschig, ich weiß. Aber die ähnlichen philosophischen Wellenlängen mit diesen Freunden, berührten mich immer wieder. Die guten Gedanken darüber, was wirklich wichtig ist in unserem Leben, dass wir das Leben immer als etwas Schönes empfinden sollten, half mir immer wieder hoch, wenn mich die depressiven Stimmungen mit nach unten zu ziehen drohten.

Ich hatte Mitleid mit Bernhard, keine Frage. Es tat mir oft sehr weh, dass er in depressiven Phasen solche Freuden nicht nachempfinden konnte. Aber der größte Fehler wäre gewesen, mich mit hinunter ziehen zu lassen. Das hätte niemandem, am wenigsten ihm selbst oder unseren Kindern, etwas genutzt. Es war wichtig, dass ich auf diese Weise das "Normale" auch für ihn weiter leben konnte, damit er daran Halt finden konnte.

Wenn du eine Zeit lang selbst nicht schwimmen kannst, dann brauchst du einen, an dem du dich festhalten kannst. Einen, der gerade sicher schwimmt. Und das tat ich mit Hilfe meiner Rettungsringe, die mir von meinen Freunden aus aller Welt via Internet immer wieder zugeworfen wurden. Mit Verständnis und Aufmunterung, einfach dass sie für mich da waren, wenn ich ein gutes Wort brauchte.

Bernhard lernte später einen simplen, aber ganz wichtigen Satz in seiner Therapie:

"Lass die Finger weg von dem,

was dir nicht gut tut,
wende dich dem zu, was dir gut tut."

Ich glaube, mein Instinkt hat mir dies schon viele Jahre früher gesagt. Natürlich konnte ich mich nicht von den Schwierigkeiten im Umgang mit meinem kranken Mann abkehren. Aber, ich konnte meine Kraft auftanken.

Je mehr ich beobachten musste, wie Bernhard mental so sehr zu kämpfen hatte, umso mehr faszinierten mich die Möglichkeiten der Ressourcen, die wir als Gesunde in uns tragen. Kurios, in dieser Situation. Ich besuchte also den Hypnosekurs, der mir auch meinen schon erwähnten Schutzkäfig näherbrachte. Man nenne es nun Selbsthypnose oder Meditation oder autogenes Training, für mich macht das keinen großen Unterschied. Was ich damit lernte war die Möglichkeit, mich aus belastenden Situationen zurückzuziehen und sie in etwas Positives für mich zu verwandeln.

Wie oft war Bernhard durch Müdigkeit und Überforderung nicht willens, eigene Gedanken zu aktivieren, geschweige denn, sie in Worte zu fassen, die für mich aber gerade sehr wichtig gewesen wären. Die Neurotransmitter hatten einfach kein Mitleid mit uns...

Die meisten meiner Aufmunterungsversuche endeten frustrierend und so habe ich sie bald ersatzlos gestrichen und eine meiner Kraftquellen als Ersatz aufgesucht. Und so bin ich dann entweder ans Internet und habe mich an den schönen Mond erinnern lassen oder habe mich in mein stilles Kämmerchen verzogen und meine inneren Ressourcen finden gelernt. In Meditationen oder Entspannungszuständen oder wie immer man es nennen mag, da war nur ich, keine schlechten Launen, kein Missmut.

Ich musste für mich selbst Wege finden, einfach positiv bleiben zu dürfen. Ich musste mein Gefühlslevel leben und nicht das anderer. Ich konnte einfach mal nur noch mich ernst nehmen. Ich konnte die kleinen Dinge positiv erfühlen, die für mein Leben wichtig waren. In dem Niveau, das mir entsprach. Und nicht angefärbt von depressiv oder manisch. Ich konnte mein Ego, das manchmal Gefahr lief, sich mit runter ziehen zu lassen, gedanklich in den Arm nehmen. Wie gut das tat!

Es war eine Möglichkeit, Abstand zu gewinnen von den Ups and Downs, die mich umgaben, aber doch nicht meine ureigensten waren. Eigentlich war ich ja nur die Begleitung. Das mag jetzt immer noch kitschig klingen. Nur eine phantasievolle rosarote heile Welt inmitten von Chaos? Sicher nicht, zumindest nicht für mich. Wie es Anderen in ähnlicher Situation gehen mag, weiß ich nicht. Aber für mich waren meine Auszeiten zu einer Kraftquelle geworden. Hier konnte ich mentale Stärke auffüllen, bevor mein Akku leer lief. Hier konnte ich Ersatz für die mir fehlende Zuwendung finden.

Nicht jeder wird diese Ideen nachvollziehen können, ganz klar. Jeder hat individuelle Möglichkeiten, sich zu schützen, sich selbst Gutes zu tun. Manch eine meiner Freundinnen hätte mich lieber in einer Gymnastikgruppe gesehen oder im Kino. "Du musst was für dich tun, was dir gut tut." Nun, mir hat eben das Mentale geholfen. Andere mögen sich in der Gymnastikgruppe wohl fühlen. Ist ok. Auch ich genieße sportliche Auszeiten oder Treffen mit meinen Freundinnen. Aber meine Alltagsengel waren jederzeit innerhalb meines Familienlebens für mich da, wenn es mir mies ging und haben es mir schnell besser gehen lassen.

Ich habe mich getraut und es auch gegen Kritik aus dem sozialen Umfeld oder sogar aus der eigenen Familie selbst vertreten gelernt, zu tun, was mir gut tat. "Was für ein neumodischer Mist ist das denn wieder?" Wem hätte es genutzt, wenn ich nicht zu dem Yogavortragsabend gegangen wäre? Oder dem Hypnosekurs? Denn genau die, die mich hierfür kritisierten, waren letztlich die Nutznießer. Dadurch, dass ich lernte, mir Ausgleiche zu schaffen für das, was die Kraft aus mir heraus sog, konnte ich doch weiter für Bernhard und die Kinder da sein und ihnen die Kraft und Liebe zurückgeben. Ich bin stolz darauf, dass ich das geschafft habe. Und ich bin stolz darauf, dass ich damit die vielen Jahre das Familienschiff ausbalancieren konnte, wenn es in Schieflage geriet, kraftlos in der Depression, explosionsgeladen in der Manie.

Genauso stolz und dankbar bin ich auch für meine „digitalen" Freunde, die mich immer wieder aus dem Wasser gezogen haben: Als die heftige letzte Manie mich und meine Kinder endgültig von der Plattform ins Wasser geschmissen hatte, kam der Rettungsring einer meiner Freunde. Er traf die richtigen Worte im richtigen Moment: "Es ist egal, wer oder was dich verletzt hat oder dich hat zusammenbrechen lassen. Was wichtig ist, ist wer dich wieder zum Lächeln bringt". Mein Dank an Alle, die mir ihr offenes Ohr geliehen haben, wenn ich es gerade brauchte.

8. "Abschirmer"

Ja, irgendwie habe ich auch solch eine Rolle eingenommen in der Zeit der noch schwachen Krankheitsphasen, die die Außenwelt noch nicht wirklich wahrgenommen hat. Obwohl: wahrgenommen vielleicht schon, dass Bernhard mal nicht so gut drauf, müde, energielos oder auch super gut drauf. Aber das Krankhafte konnte man nur mit sehr geschultem Blick wirklich ausmachen. Die depressive Freizeit zu Hause verschlafen, das merkte sowieso kaum einer, solange die Arbeit noch irgendwie erledigt werden konnte. Die leichten manischen Ausschläge, "na wie gut ist der denn drauf, was hat der für eine Stimmungspille eingeworfen?" So läuft das auf den Punkt gebracht ab.

Mancher, der das liest, wird andere Erfahrungen gemacht haben. Die Fortentwicklung des Krankheitsbildes geht vielleicht nicht über Jahre, sondern recht schnell, bei Anderen werden nie derartige Ausschläge erreicht, dass sie in der Öffentlichkeit überhaupt bemerkt werden.

Auf jeden Fall habe ich mich irgendwann mit der Situation konfrontiert gesehen, dass immer mal Bekannte oder Freunde nachfragten, was denn los sei, man würde ihn und uns gar nicht mehr so oft sehen? Ob wir nicht mal

Lust hätten auf gemeinsame Unternehmungen? Warum Bernhard so oft alleine unterwegs wäre, wenn ich nicht mehr mithalten konnte mit dem Umhang. Oder auch, wenn in schlimmen Phasen eine kurzfristige Krankschreibung ohne sichtbares Krankheitszeichen erfolgte: "Was ist denn los mit ihm?!"

Nun ist es leider immer noch so, dass unsere Gesellschaft sich noch sehr schwer tut im Umgang mit psychischen Erkrankungen. Und vor allem Arbeitgeber. So drängte sich auch bei uns immer mehr die Angst um seinen Arbeitsplatz in den Vordergrund. Wir wohnten in der Nähe eines Hafens und er hatte als leitender Angestellter in einer Schiffsbeladungsfirma sehr große Verantwortung mitzutragen. Diese Angst bedrückte mich als Familienmutter natürlich auch und mit der Zeit habe ich in depressiven Phasen eine gewisse morgendliche Panik entwickelt: steht Bernhard heute auf, geht er pünktlich zur Arbeit, muss ich ihn dazu anspornen? Ich wurde automatisch zum morgendlichen Kümmerer, mehrfachen Wecker, tat alles, ihn zu unterstützen, damit er auf den Weg kam. Nicht noch ein Fehltag, was wird die Firma denken? Die Störung schlug ja vor allem anfangs immer nur einige Wochen zu, umso wichtiger, den Job nicht aufs Spiel zu setzen. Umso wichtiger auch, dem sozialen Umfeld nicht das Gefühl zu geben, er nähme nicht mehr teil an seinen gesellschaftlichen Aufgaben. Wie ich diese Situationen hasste! Vielleicht habe ich mich da zu sehr selbst unter Druck gesetzt, aber ich hätte doch einen Fußkranken auch zur Arbeit gefahren? Man hat es nie gelernt, mit solchen unklaren Situationen umzugehen, was machte man richtig, wo ist Anstoß, wo Bremsung, wo Neutralität richtig? Auf jeden Fall habe ich in der Öffentlichkeit noch meinen Mund gehalten, nichts erzählt über „unsere" Krankheitsphasen, die ich unwillkürlich irgendwie mitverarbeiten musste. Ich, die vermeintlich Gesunde.

In den letzten Jahren wird in den Medien vermehrt diskutiert über das Leben und den Umgang mit Depressionen. Tragische Suizide bekannter Persönlichkeiten oder der grauenvolle Freitod des Piloten, der so viele unschuldige Menschen mit in den Tod riss, lassen Fragen aufkommen, wie man es hätte verhindern können. Der Aufschrei ist groß, hätten Ärzte ihre Schweigepflicht nicht, hätten wir eine Lösung für den Kranken finden können.

Die Auflösung der ärztlichen Schweigeflicht verlagert das Problem doch nur auf die Ärzteschaft. Wäre es moralisch tragbar für den Mediziner, einen Kranken mit bipolarer Störung zu "outen", mit allen Konsequenzen? Ich möchte so eine Entscheidung nicht treffen wollen. Das Grundproblem, dass sich ein psychisch Kranker nicht an die Öffentlichkeit wagt, ist doch ein ganz anderes. "Sein Arbeitgeber hätte ihm einen anderen Job zuweisen können, hätte er sich doch nur offenbart." Hätte der das wirklich? Oder ihn nicht doch eher aus seinem Traumberuf entlassen? Ich würde mir einen so menschlich wertvollen Umgang mit dem Kranken wünschen, aber bis es soweit kommt, muss sich in vielen Sparten, in denen der Einzelne heute nicht viel zählt, noch sehr viel bewegen.

Es ist leider noch ganz und gar nicht so, dass ein psychisch Kranker die Unterstützung in Gesellschaft und Arbeitsleben bekommt, die er benötigen würde, um sich freiwillig zu offenbaren. Auch wenn in vielen Talkrunden immerhin häufiger über das Krankheitsbild der bipolaren Störung gesprochen wird, so sind doch die wenigsten Mitmenschen über die typischen Symptome und vor allem die wechselnden Phasen und deren Ausdrucksformen im Bilde. Dass es meist lange, ganz unauffällige Phasen gibt, in denen der Kranke voll einsatzfähig sein kann, wissen die Wenigsten. Und wenn man erst einmal den Stempel "psychisch krank" aufgedrückt bekommen hat, dann schrecken plötzlich Freunde und Arbeitskollegen zurück, aus Unsicherheit, wie man damit umzugehen hat. Der Respekt geht verloren, Zweifel kommen auf, kann man dem denn noch glauben, ihn ernst nehmen? Sind seine Entscheidungen fachlich richtig oder gemütsmäßig gefasst? Die kranke Psyche trifft eben wieder genau den emotionalen Punkt, mit dem ich mit dem Gegenüber in Kontakt trete. Kann ich überhaupt Vertrauen aufbauen? Ist seine Arbeit zuverlässig? Dass dieses Problem eigentlich nur in der starken manischen Phase auftritt, das wissen die Leute einfach nicht. Auch ich als engste Mitbetroffene bin erst nach langer Zeit zu dieser Erkenntnis gekommen.

Ich als "Mitwisser" fand mich, wie schon gesagt, nun in dem Konflikt wieder, wie ich mit der psychischen Störung in der Öffentlichkeit umgehen sollte. Hatte ich das Recht, den Kranken zu "outen", vielleicht sogar die Pflicht dazu? Sie zu tarnen, solange es noch ging? Sollte ich Bernhards Krankheit offenbaren mit allen Konsequenzen? Wissend, welche Nachteile und Vorbehalte ihn ab diesem Zeitpunkt erwarten würden? Ihm den Respekt mancher Leute entziehen, die nicht wussten, wie damit umzugehen? Nicht wissend, was ihn an seinem Arbeitsplatz erwarten würde? In der Regel folgten ja dann wieder relativ lange, normale Phasen, in denen alles wieder "gut" und "normal" war. Sein Stapel auf dem Schreibtisch wieder abgearbeitet werden konnte. Was hätte ich ihm dann zerstört? Durfte ich das? Wollte ich das?

Der gesellschaftliche Umgang mit einer auffälligen Psyche ist immer noch schwierig und von vielen Vorurteilen geprägt. Aus Unkenntnis und Unsicherheit wird nicht erkannt, was es eigentlich ist: eine organische Erkrankung der "Seele", so wie eine Leber oder ein schwacher Fuß ihren normalen Dienst verweigern. Einem Herzinfarktpatienten würde man eine langsame Wiedereinarbeitung in den Job zugestehen. Aber gestörte Psyche? Nein danke! Zu schwierig einzuschätzen! Vielleicht würde man sich als Arbeitgeber auch so verhalten, ich möchte niemanden kritisieren, man hat ja auch Verantwortung für Andere.

So wurde dann natürlich auch nach Bernhards Kündigung seinem Arbeitgeber bekannt, woran er litt. Mit der Folge, dass man die Kündigung nicht bereit war so freundlich "rückabzuwickeln" wie der nette Bootshändler. Man war froh, dass sich das Problem quasi von selbst erledigt hatte, der einfachste Weg... Es kam zum Arbeitsgerichtstermin mit "einvernehmlichem" Ende, sprich der Arbeitsplatz war weg. Das war nun in Bernhards Fall nicht allzu schlimm, da er inzwischen auch aufgrund der starken Medikamente gar nicht mehr dauerhaft arbeitsfähig gewesen wäre und sein Weg wohl in eine dauerhafte Frührente führen wird. Von diesem Blickwinkel aus hat sich seine Psyche durch die Eigenkündigung selbst von etwas befreit, das er krankheitsbedingt nicht mehr zu leisten in der Lage war. Der manische Mantel zieht etwas einfach durch, was man sich sonst nicht trauen würde. Die Hemmungen und Bedenken sind weg. Nun ja, für meinen Geschmack hätte es nicht so spektakulär sein müssen...es hätte uns als Familie manch schlaflose Nacht erspart.

Jedoch braucht sich unsere Gesellschaft nicht zu wundern, wenn sich psychisch Kranke außerhalb einer Manie nicht trauen, offen mit ihrer Erkrankung umzugehen. Ich nehme mich da nicht aus. Auch ich habe mich, wie gesagt, bedeckt gehalten in der Öffentlichkeit, um meinem Mann den Stempel "Vorsicht - psychisch krank" zu ersparen. Er hatte das Recht, dass man so vorbehaltlos mit ihm umging, wie er sich makellos in die Gesellschaft einbrachte.

Man kann niemandem einen Vorwurf machen, so wie ich beschlossen habe, mich nicht mehr kritisieren zu lassen für Dinge, die einfach niemand wirklich beurteilen kann. Wir alle sollten mehr Verständnis für denjenigen aufbringen lernen, der sich plötzlich erlaubt, krankheitsbedingt schwach zu sein, nachdem er vielleicht immer der Starke war. Und dass er dies aus Angst vor Repressalien nicht verschweigen muss.

Irgendwie hat mich diese jahrelange Geheimniskrämerei bedrückt. Wie ein Kind, das nicht die Wahrheit sagen darf, auch wenn es einen guten Grund hat. Mein eigenes Seelchen hatte das Bedürfnis offen und ehrlich zu sein, so ist man doch erzogen, oder nicht? So entspricht es unseren Normen, die wir gelernt haben. Und so brachte diese Lage ungute Gefühle in mein Leben, die ich aber aus Rücksicht nicht so einfach ändern konnte.

Die letzte heftige Manie mit ihren spektakulären Aktionen hat sich letztlich selbst in die Öffentlichkeit gedrängt. So schlimm sie uns zunächst von den Füßen riss, so eine befreiende Wirkung für meinen selbst auferlegten Maulkorb hatte sie aber auch: Endlich durfte und sollte ich offen mit allem umgehen, endlich ehrlich sein zu Jedem, der mich fragte, was denn los sei. Ich glaube manch Einer hat sich gewundert, wie offen ich und später auch Bernhard selbst nun über all die Probleme, aber auch die wunderbaren Hilfen, die wir endlich erfahren durften, umgegangen sind. Bei allem Unglück, eine wahre Befreiung. Endlich schonungslose Offenheit!

Ich werde das Gefühl bis heute nicht los, dass vorher ganz viele Leute unsere Situation gänzlich falsch eingeschätzt hatten. Denn viel Verständnis und aufmunternde Worte fühlten sich an wie eine kleine Entschädigung für den Maulkorb der letzten Jahre. Es war gut, dass wir ab dem "Tag Null" nun endlich alles raus gelassen haben, was wir jahrelang mitgeschleppt hatten. Es entlastete, einfach nur frei darüber reden zu können, was uns gerade bewegte. Wir bekommen auch heute noch oft die Rückmeldung von Bekannten, die sich wundern, wie selbstverständlich wir nun von unserer geänderten Lebenssituation sprechen können. Vor allem wenn wir als Familie heute gemeinsam solche Gespräche mit Anderen führen. Diese Freiheit haben wir uns gegenseitig geschenkt und sie tut uns allen gut. Erstaunlich und erfreulich auch, wie unsere Kinder z.B. mit ihren Freunden nun offen darüber reden können, es als "normale" Krankheit darstellen können und sich nicht mehr dafür schämen, wenn sie jemandem den Gesundheitszustand ihres Vaters erklären. Es ist eben seine Krankheit, fertig.

Und trotzdem, ich hätte es rückblickend nicht anders gemacht. Trotz allem Verständnis, das uns nun von so vielen Seiten entgegen gebracht wird, fand ich unter den beschriebenen Umständen unseren bedeckenden Umgang mit den mentalen Schwächen richtig.

Ich wünsche mir, dass sich in Zukunft der äußere Druck der Gesellschaft auf diejenigen, die auch mal Schwäche zeigen müssen, abbauen wird. Ich wünsche mir weiterhin, dass man einfach so sein darf, wie man ist und nicht wie die gesellschaftlichen Normen es vorgeben. Man stelle sich mal vor: ein Mensch in depressiver Verfassung dürfte lustlos mit am Stammtisch sitzen und einfach nur mal zuhören ohne sich selbst einbringen zu müssen, um nicht als Langweiler und Miesmacher zu gelten. Und ein manisch Erkrankter dürfte in verrückter Kleidung durch die Stadt laufen. Seine großartigen Ideen würden von den Verantwortlichen nicht nur belächelt, sondern ernsthaft überprüft und vielleicht sogar für phänomenal befunden? Vielleicht sind unsere eng gesteckten gesellschaftlichen Normen auch ein bisschen Schuld daran, dass wir nicht mehr damit umzugehen wissen, wenn sich mal jemand nicht strikt danach verhält. Vielleicht könnten wir auch als Gesellschaft ein bisschen mehr "frei-" als "fallen-" lassen?

Zumindest in der Ausprägung, in der der Erkrankte oder ein anderer keinen Schaden daran nimmt. Könnte man mal darüber nachdenken.

Ich bin ich und du bist du.

Wir sind zwei ganz unterschiedliche Menschen, schon von Natur aus ganz anders.

Und doch habe ich meine Erwartungen an dich,

an dein Verhalten zu mir, wie du mit mir umgehen sollst, wie du mit mir reden sollst, was du für mich tun sollst.

Machst du das nicht so wie ich es erwarte, werde ich ärgerlich, mache dir Vorwürfe, versuche dich zu ändern.

Und genauso machst du es mit mir.

So machen wir uns das Leben oft unnötig schwer, jeder ärgert sich über den Anderen.

Aber ist es gut, wenn ich mich so verändere, wie du mich haben willst, nur für dich?

Ich bin doch ich und nicht du.

Und du sollst zu dem werden, wie ich dich gerne hätte?

Wäre es nicht besser, wir lernen verstehen, warum ich anders bin als du und du anders bist als ich?

Du hast einen Grund für deine anderen Ansichten, du hast einen anderen Charakter, eine andere Erziehung, vielleicht auch eine Krankheit, die dich verändert.

Ich möchte lernen, deine Ansichten und dein Verhalten zu respektieren, du wirst schon einen Grund haben, warum du die Dinge anders siehst als ich.

Und genauso ist es besser für dich, wenn ich „ich" bleibe und mich nicht aufgebe, nur um dir zu gefallen.

Akzeptieren wir das ein für alle Mal, können wir viel gelassener miteinander umgehen und voneinander lernen.

Denn ich bin ich und du bist du.

9. Ohrfeigen einstecken?

Ich hatte schon angedeutet, dass es früher nicht unüblich war, Angehörigen durchaus eine Mitschuld an dem Ausbruch und der Entstehung der bipolaren Störung zu geben. Leider ist dieser Ansatz auch noch heute in vielen Köpfen unterwegs, vielleicht aus Unkenntnis, Unsicherheit oder auch Bequemlichkeit? Ja, wenn man etwas nicht so ganz verstehen kann, sich nicht vorstellen kann, dann bastelt man sich eben was zusammen.

Und von Ferne betrachtet kam es auch in unserem Fall ganz so herüber: Da war ein Mensch, Bernhard, dem es offensichtlich ohne erkennbare körperliche Ursachen in letzter Zeit schlechter zu gehen schien. Der öfter einen traurigen, antriebslosen Eindruck machte, nicht mehr so gerne lachte wie früher und selbst im geliebten Segelklub nur noch selten erschien. Der Mann also wirkte unglücklicher und unglücklicher und was machte die Ehefrau? Die ließ es sich offensichtlich gut gehen, die konnte noch lachen, hatte Freude an dem Entdecken neuer Ideen. Wie konnte man das deuten? Na klar, dem armen Mann ging es so schlecht, weil seine Ehefrau sich - auf seine Kosten? – rücksichtslos amüsierte, neue Freundschaften knüpfte.

Kein Wunder, dass er kein Lächeln mehr hatte! Wie konnte die nur?

Und entsprechende Reaktionen löste dies aus: es hagelte von den verschiedensten Seiten Vorwürfe gegen mich, die sich für mich wie schallende Ohrfeigen anfühlten, da ich deren Grund nicht nachvollziehen konnte. Warum lobte mich eigentlich keiner, dass ich mich mit der Problematik arrangierte, versuchte mein Seelchen bei Laune und Kraft zu halten? Denn es ging mir gerade gar nicht so gut, wie mir von Freunden, Angehörigen und Bekannten argwöhnisch unterstellt wurde, denn in Wirklichkeit befand sich mein Seelchen in einem Überlebenskampf gegen die Resignation und den Frust, den die bipolare Störung in mein Leben hat einfließen lassen. Ich hatte gerade Bernhard irgendwie "verloren", mit dem ich bisher fröhlich durchs Leben gezogen war. Eigentlich durchlebte ich so etwas wie eine leichte Trauerphase, wenn ich mir das mal richtig überlege. Ich war dabei, zu versuchen, gerade nicht mit in das depressive Loch zu fallen, gerade weil ich meinen kranken Partner weiter unterstützen und für ihn dableiben wollte.

Vielleicht hätte ich solche Gedanken auch entwickelt, wenn ich uns selbst beobachtet hätte ohne Hintergründe zu kennen. Als Angehöriger eines psychisch Erkrankten wird man genau beäugt, zumal, wenn es einem selbst gut zu gehen scheint. Das wird einem nicht zugestanden, wie kann man Lebensfreude empfinden, wenn es dem Mann an deiner Seite so schlecht geht? Solange seine Krankheit nicht bekannt war, wurde mein Verhalten sehr wohl als die Aktion gewertet, infolge derer es ihm so mies ging. Von der Frau im Stich gelassen! Hallo?!

Dass die Reihenfolge dieses Denkansatzes so gar nicht stimmte und mein Verhalten eine Reaktion auf die zunehmende Kälte und Interessenlosigkeit des Umhanges war, ich begonnen hatte, die Leerräume in meinem Leben aufzufüllen, um stark bleiben zu können, das verstand kaum einer.

In die Psyche eines Menschen kann man sich eben nur schwer einfühlen. Niemand hätte mir den Vorwurf gemacht, dass ich an einer Herzerkrankung oder einem Beinleiden schuld gewesen sein könnte. Aber daran, dass Bernhard offensichtlich unglücklich zu sein schien, ja wer anders als seine Ehefrau könnte da denn schuld sein? Zumal es ihr ja erstaunlich gut dabei zu gehen schien. Wenn sie nicht die Ursache für sein Leiden sein würde, dann würde sie neben ihm sitzen und mitleiden. So musste es sein!?

Wahrscheinlich wird es manchem Angehörigen eines bipolar Erkrankten so gehen. Ganz oft lese ich in Foren über die Schuldzuweisungen, die sie immer wieder über sich ergehen lassen müssen. Dafür, dass sie den schweren Weg an der Seite mit allen Höhen und Tiefen mitgehen und nicht nur gegen die Krankheit an sich mit ankämpfen, manchmal gegen Aggressionen des manischen Patienten sich verteidigen müssen, kommt dann noch der dritte Gegner mit ins Spiel in Form von Menschen, die ihnen auch noch die Schuld an der Erkrankung in die Schuhe schieben wollen.

"Ja hat er denn einen Grund depressiv zu sein?" fragte mich sogar eine gute Freundin aus Schulzeiten ganz direkt. Soll heißen, was hast du ihm angetan, dass es ihm so schlecht gehen muss? Oder Dinge wie "hast du dir mal überlegt, ob dein Verhalten an Allem schuld sein könnte" kamen immer wieder sogar von sehr guten Freunden. Ohrfeigen an mich, deren pädagogischen Sinn ich bis heute nicht verstehen kann. Anfangs haben mir die "Schläge ins Gesicht" noch ordentlich wehgetan, weil ich mir selbst noch nicht über die Dinge im Klaren war, die da vor sich gingen.

Je weiter die Entwicklung allerdings fortschritt, desto klarer sind sie mir geworden. Welchen Anspruch an mich hätte ich nicht richtig erfüllt, sodass ich dafür eine moralische Ohrfeige verdient hätte? Darauf zielten ja wohl die spitzen Bemerkungen ab. So von wegen, "du lässt deinen armen Mann im Stich, um es dir gut gehen zu lassen". Hmm. Lange Zeit war ich noch nicht in der Lage, mich gegen diese Vorwürfe zu wehren und so tat es zusätzlich zu den schwierigen Situationen in der Familie noch ordentlich weh.

Was erwartete man von mir als Partnerin? Welcher Moral sollte ich mich da eigentlich unterwerfen? Dass es mir schlecht zu gehen hatte in dem Maße, wie es Bernhard ging? Verlangt einer von der Ehefrau eines Herzpatienten nun auch herzkrank zu werden? Darf sie ab sofort nun nichts mehr für ihre eigene Fitness tun? Ich kann mir gut vorstellen, dass Angehörige leicht selber psychisch auffallend werden können, wenn sie es nicht schaffen, diesen Teufelskreis zu durchbrechen und sich von dem sozialen Umfeld einreden lassen, dass es ihnen nun auch nicht mehr gut gehen darf.

Das mag ein wenig überspitzt klingen. Aber nach meinen Erfahrungen läuft es leider darauf hinaus. Ich habe glücklicherweise meine eigene Stärke trainieren können, mich solchen Dingen nun standhaft zu wiedersetzen. Natürlich können traumatische Ereignisse eine Depression verstärken. Aber doch nicht, wenn ich als Angehöriger mir Mittel und Wege suche, auf einem Normallevel zu bleiben. Meine Lebensfreude nicht zu verlieren und meinem Partner dadurch stärkend zur Seite stehen kann. Was hat er davon, wenn ich mich kraftlos neben ihn setze und mit heule? Wird ihm das mehr Antrieb bringen?

Ironischer Weise müsste ich sogar sagen, dass ich mich mental fit halten musste, damit ich im manischen Falle ein wenig mit an Fahrt aufnehmen konnte, um ein besser mit ihm mithalten zu können. Ich mache mich nicht lustig, auch wenn es so klingen mag. Dazu ist die Sache zu ernst. Aber ich bin inzwischen so weit, meine Wange für solche Ohrfeigen nicht mehr hinzuhalten. Ich möchte dem Angehörigen Mut machen, derartige Schuldzuweisungen nicht mehr anzunehmen. Schuld ist die Erkrankung, die körperliche Prädisposition. Ehrwürdig ist es, wenn man als Partner bereit ist, den holprigen Weg auf und ab mit zu gehen. Aber man kommt nur mit, wenn man selbst stark genug ist, den Partner in der Depression mitzuziehen und in der Manie hinter ihm her zu rennen, um ihn nicht aus den Augen zu verlieren. Nur weil man sich fit hält, Diesem Stand zu halten, ist man deshalb aber nicht für die starken Höhenunterschiede verantwortlich! Ich möchte jedem Begleiter Mut machen, dies für sich selbst und gegenüber den "Besserwissern" klar zu stellen.

Leider kamen die Schläge auch mal von Seiten, von denen man sie nicht erwartete: Wie schon kurz erwähnt, habe ich leider erleben müssen, dass auch unsere Ärzte, so sehr ich ihnen für ihre Hilfe und Unterstützung dankbar bin, mal kräftig gegen mich als Partner ausgeteilt haben. Davon möchte ich später noch ausführlicher erzählen. Dieser Vorfall prägte mich dermaßen, dass ich ab sofort nicht mehr bereit war, die Wangen auf Empfangsbereitschaft zu stellen und mir Ellenbogen der Abwehr anzutrainieren. Es war der Wendepunkt für mich, als ich spürte, ich darf mich nicht mehr nur ergeben in die Anweisungen anderer, sondern muss aktiv mitbestimmen dürfen, wenn es meine Person betrifft. Mein neuer Standpunkt half die Schuldzuweisungen nun leichter abprallen zu lassen, denn ich bin davon überzeugt, dass sie nicht auf meine Gesichtshaut gehören.

Wahrlich mein Bestes gebend war ich der Mensch, der Bernhard fair und stark bleibend auf seinem Weg zu begleiten bereit war. Dafür, dass ich an seiner Seite blieb, ihn eben nicht "fallenließ", steckte ich keine Schläge mehr ein. Nein!

Ich möchte auch Ihnen Mut machen, sich nicht von Anderen, seien es Ärzte, Familienmitglieder oder Freunde moralisch unter Druck setzen zu lassen. Sich Pflichten aufbürden zu lassen, die man nicht erfüllen kann. Die eine Nummer zu groß sind. Der Arzt kennt nicht den Zustand meines eigenen Gemütes, das nach so vielen Erlebnissen und Herausforderungen nahe am Boden sein kann. Wie kann er mir Vorwürfe machen, wenn ich mich in einer Notstandsituation für meine Kinder und mich befinde? Ich gebe mein Bestes und werde dafür nicht gelobt, sondern in eine moralische Schuld genommen. Nein, so geht das nicht!

Stopp sagen lernen, wenn es zu viel wird. Das liest man immer wieder in klugen Büchern. Klingt gut. Aber ich musste den Mut haben, es auch durchzusetzen. Ein leises „Stopp" nutzte nichts, wenn ein Anderer es überhören mochte und sagte, "hab dich nicht so, du musst!" Dann musste ich eben lauter werden und "STOPP" schreien, dem

Anderen erklären, warum es nicht geht, aber dass es eben nicht mehr geht. Ich konnte Bernhard nur so weit helfen, wie ich selber auf den Beinen blieb. Und ob da noch Kraft darin war, das spürte nur ich und kein Bekannter, kein Freund, noch nicht einmal ein Arzt. Sondern nur ich! Und ich wollte gefragt werden, ob noch Energie da war, bevor ein Anderer Entscheidungen für mich traf.

10. „Loslasser"

Von vielen Familien hört man von Meinungsverschiedenheiten über das Jäger- und Sammlerverhalten einerseits und den Ordnungsdrang des Partners andererseits. Die typischen Auseinandersetzungen am Tage vor der Sperrmüllentsorgung, was darf weg, was muss bleiben im zugestellten Keller. Das scheint wohl „normal".

Die bipolare Störung scheint darüber hinaus das krampfhafte Festhalten an alten Dingen und Gewohnheiten zu fördern. Es kostet sehr oft eine riesige Überwindung, loszulassen. Wie kommt das, habe ich mich oft gefragt, wie ist das zu erklären?

Vielleicht ist dies der Unsicherheit in der Depression geschuldet. Gibt es einem eine Art Geborgenheit an den vertrauten Möbeln und Dingen der Zeit festzuhalten, in der man sich noch gut fühlte? Damals ging es mir gut und ich war glücklich und so kann ich mich besser fühlen, wenn ich auf den gewohnten aber ausgesessenen alten Sesseln sitze?

Oder ist das Verhalten dem schon angesprochenen unflexibler Werden der Gefühlsbahnen geschuldet? Vertrautes bleib bei mir, ich lasse meine mir zu guten Gefühlen verhelfenden Dinge nicht zum Sperrmüll wandern.

Schwierig wurde es für mich, als unser Keller sich dazu aber noch mit neuen Einkäufen füllte. Der Kaufakt vermag fehlende Glückshormone aufzufüllen, das hat jeder schon erfahren. Dass man etwas gekauft hat, das man nicht wirklich braucht, es einem aber zunächst ein Gefühl der Zufriedenheit beschert. Hinterher ärgert man sich darüber, musste das jetzt wirklich sein? Und so kaufte auch der Umhang gerne Angebote im Discounter mit dem Glücks- und Aufwertungsgefühl, ein tolles Schnäppchen gemacht zu haben. Zu Hause registrierte Bernhard dann vielleicht, wie unnütz dieser Einkauf gewesen war, was sein Umhang aber nicht zugeben konnte ohne sich noch niedergeschlagener zu fühlen. Also ließ er die Dinge verschwinden, im Keller, im Schrank, sollte doch keiner merken.

Ich entdeckte manche Einkäufe, teils noch original verpackt und nie benutzt, irgendwann mal zufällig in den hinteren Ecken des Schrankes oder Kellers. Erstaunt, empört, aber auch irgendwie gekränkt, warum wurde das vor mir versteckt? Wütend, über die unnützen Geldausgaben. Traurig über das fehlende Vertrauen, mir gegenüber ehrlich zu sein. Auch ich habe schon Dinge gekauft, die im Nachhinein unnütz waren oder nicht passten oder einfach nur „Schrott" waren. Na und? Ist doch eigentlich kein Weltuntergang. Für ein depressives Seelchen vielleicht schon. Solche Entdeckungen hinterließen mich traurig, wütend, hilflos, hintergangen, unverstanden. Ein kleiner Hieb auf unser verbindendes Seil. Ein bisschen Aufdruddeln. Unglaublich, wo und wie die Störung unser Vertrauen immer wieder zu stören wusste. Nicht nur Bernhards Gemüt wurde gestört, sondern ganz massiv einfach unsere Vertrauensbasis, die vor der Erkrankung so viele Jahre so gut funktioniert hatte.

Und so füllten sich die Ecken im Keller... und der Sperrmüll durfte nichts mitnehmen, immer wieder diese kleinen Machtkämpfe, kann man endlich Altes loslassen oder nicht? Ich fühlte mich unwohl, bei der Unordnung und Unübersichtlichkeit, die mir in auch meinem Zuhause übergestülpt wurde. Ich brauchte gewisse Freiräume für meinen Geist, so komisch das klingen mag. Aus Gründen der Übersicht, die Bernhard wahrscheinlich verloren hatte. Von den Kindern kamen manchmal Bemerkungen wie, "warum sollen wir unsere Zimmer aufräumen, schau doch mal Papas Keller an!" Ich musste mich befreien von all dem alten und unnützen „Krempel". Wertlos, eher belastend, jedoch hatte er für Bernhard vielleicht wirklich seine Berechtigung, die ich nur nicht verstehen konnte. Was daraus folgte waren immer wieder gegenseitige Missverständnisse, Diskussionen, Sich- verletzt-fühlen.

Ganz schlimm wurde es, als neben dem depressiven Nicht-Los-Lassen-Können dann noch der Kaufrausch des manischen Umhangs mit zuschlug: "Ich kann mir alles erlauben, kenne keine Grenzen, kann mir doch alles leisten. Was wollen die alle von mir, die mich hier kritisieren, ich mache doch schon lange nur noch was ich will." Im Extremfall kamen neben meinem Kopfschütteln dann auch langsam Unbehagen und sogar Angst auf, ich fand die Bremse für dieses Treiben nicht mehr. Und der Keller und die Schränke quollen über. Der Umhang nahm sich die Supermarktangebote, die er wollte, „guckt, mal, das war billig, was für ein Schnäppchen!" Nicht eine Packung Nudeln sondern zehn, obwohl der Vorratsschrank noch voll war. Der Umhang versperrte jeden Überblick.

Wie konnte ich dieser Situation begegnen in einer Art und Weise, die möglichst beiden gerecht werden konnte? Bernhard nicht den Respekt entziehend? Ich musste ein bisschen von dem verstehen lernen, wie er von seinem

Gemüt gesteuert wurde. Dass er Vieles für eine gewisse Geborgenheit erhalten musste. So versuchte ich, behutsam Freude an Neuem zu wecken, immer mal vorsichtig Manches umzugestalten. Vielleicht auch mal unbemerkt das ein oder andere verschwinden zu lassen? Das konnte aber ganz leicht ins Auge gehen, Bernhard fühlte sich auch leicht hintergangen. Ich versuchte andererseits großzügiger zu werden, „na gut, dann bleibt der alte Gartentisch eben noch ein bisschen stehen", die Dinge für mich selbst nicht zu wichtig zu nehmen. Mir eine gewisse Gelassenheit anzutrainieren. Aber ich musste auch sehr genau aufpassen, wann ich an einen Punkt kam, an dem ein Kompromiss für mein Seelchen nicht mehr in Ordnung ging. Wo ich darauf bestehen musste, auch meinen Kopf durchzusetzen. Vielleicht brachte ein bisschen mehr Ordnung auch dem kranken Seelchen wieder mehr Überblick?

Ein Punkt duldete sicher keine Nachgiebigkeit: spätestens in dem Moment, in dem Angst in mir hochkam bezüglich des Einkaufverhaltens, musste ich aktiv werden. Da half mir Gelassenheit sicher nicht mehr weiter. Dann musste ich beginnen, den Geldhahn zuzudrehen, bevor der Umhang ihn und mich und unsere Existenz aufs Spiel zu setzen begann. Da brauchte Bernhard dringend zum Einen ärztliche Hilfe. Und im äußersten Notfall der letzten Manie musste dann auch die amtliche Betreuung als Puffer vorgeschaltet werden. Dann nämlich, als der Umhang Bernhard und uns existenziell zu bedrohen begann und zu Dingen antrieb, die er als befreiter Mensch später bereuen würde und nicht wieder gutmachen könnte. Ich musste als Angehörige entscheiden, wo konnte ich durch Toleranz und Verständnis aus krankheitsbedingten Spannungen die „Luft rausnehmen" und wo war der Punkt erreicht, an dem das nicht mehr ging und auch nicht mehr tolerabel war für alle Beteiligten. Dann hieß es für mich: Ärmel hochkrempeln und aufstehen gegen ausufernde Vorgänge! Das musste ich tun und ich sage bewusst "musste". Denn ob ich diese Rolle mochte oder nicht, sie wurde hier zur Pflicht, der ich mich nicht entziehen durfte. Selbstbewusst und stark bleibend auch gegen Bernhard musste ich Hilfe holen, um ihn vor sich selbst zu schützen.

„Manchmal lehrt mich die schlechte Seite des Lebens mehr Weisheit als die gute."
Weisheit der Sioux

11. Mitbetreut – Fluch oder Segen?

Spätestens als die Krankheit begann, Bernhard selbst und uns als Familie durch nicht mehr steuerbare Entscheidungen wie die Jobkündigung, maßlose Einkäufe wie das Schiffchen, an dessen Anschaffung er nie zuvor in seinem Leben gedacht hatte, und unrealistische Geschäftsideen in der Existenz zu bedrohen, musste der schützende amtliche Puffer vorgeschoben werden. Da gab es kein Wenn-und-Aber, kein schlechtes Gewissen um Bevormundung oder eigenständige Entscheidung. Als die Uneinsichtigkeit des Umhanges die ärztliche Befreiung des darunter steckenden Menschen verhinderte, hätte es sogar erforderlich werden können, neben der Beantragung der amtlichen Betreuung, an eine Zwangseinweisung in die Psychiatrie zu denken. Ein erschütternder und extrem trauriger Schritt für mich als Partner, vor dem ich lange zurückschrecken werde und natürlich wird man vorher alles versuchen, den Kranken gütlich davon zu überzeugen, dass es besser ist, sich freiwillig in ärztliche Behandlung zu begeben. Glücklicherweise gelang es mir schließlich mit viel Einfühlungsvermögen und sachter Überzeugungsarbeit, ihn zu diesem freiwilligen Schritt zu bringen. Nicht zu Unrecht war ich ja schließlich sein Partner und konnte doch noch das gegenseitige Vertrauen wieder ins Spiel bringen. Vor allem Bestimmtheit und gute Nerven galt es zu bewahren, mit ihm diesen schwierigen Schritt zu vollbringen. Aber es lohnte sich, auch für das spätere Verhältnis zueinander, es auf freiwilliger Basis fertig zu bringen. Selbstbewusste Konsequenz war von mir gefragt, die ich aber nur nach außen trug, denn innerlich schüttelte mich durchaus die Angst und Hilflosigkeit, ihn nicht ausreichend beeinflussen zu können. "Ach ich kann doch auch morgen ins Krankenhaus gehen"...."Nein, wir gehen jetzt und machen das so wie wir es besprochen haben." "Aber ich muss noch etwas erledigen vorher"..."Nein wir fahren jetzt gemeinsam los!" So etwa musste ich den Umhang immer wieder einfangen, er versuchte immer wieder sich zu winden. Hätte ich es allerdings nicht auf diese Weise geschafft, hätte ich diesen zwanghaften Schritt für den Kranken tun müssen. Nicht gegen ihn. Denn ohne ärztliche und amtliche Hilfe hätten uns Szenarien gedroht, die nicht mehr gut zu machen gewesen wären. Wusste ich, was der Umhang vorhatte, um seine Geschäftsidee des Blumengeschäftes zu realisieren, vielleicht unser Haus zu verpfänden? Schulden aufzunehmen, in einer Situation, in der unsere Kinder finanzielle

Unterstützung für ihr Studium benötigten? Dem Umhang war alles zuzutrauen.

Eine Bekannte erzählte mir von einem manischen Patienten, der sein gesamtes Vermögen in der Fußgängerzone verschenkt hatte. Das wird er nach Abklingen der akuten Symptomatik sicher nicht mehr so gut gefunden haben, wie zu dem Zeitpunkt, wo er dies tat... Und er wäre später sicher dankbar gewesen, wenn ihn jemand, wenngleich gegen seinen damaligen Willen, davon abgehalten hätte.

Angst, aber vor allem Verantwortungsgefühl für den hilflos seinen Transmittern ausgesetzten Bernhard, verlangten von mir Entscheidungen, die die aus dem Ruder gelaufene Situation einfach von mir forderte. Ich musste dazu selbstsicher stehen und mir von niemandem reinreden lassen, obwohl es mir gerade selbst den Boden unter den Füßen wegzog. Die Nase selbstbewusst hochhalten, wenn die Knie gerade wegklappen, wahrlich ein Spagat!! Bei allen Zweifeln, die einem immer wieder kommen, hat man als Partner gewiss den besten Eindruck davon, was gerade von Nöten ist und besonders, was im Sinne meines gesunden Partners wäre. Wie bei uns wird es in der Regel so sein, dass der Erkrankte später eine große Dankbarkeit dafür empfinden wird, dass man ihn vor sich selbst beschützt hat und den Entscheidungen im Nachhinein zustimmen. Ausgesprochen hat das Bernhard nie, aber ich entnahm es seinen späteren Reaktionen, dass er die Tatsachen weitgehend widerspruchslos akzeptiert hat. Das muss man sich in der schwierigen Situation immer wieder klar machen. Ich denke, ich war diese Maßnahmen einfach dem Respekt vor Bernhards jahrelanger Leistung schuldig, mit der er sich seine und auch unsere Existenz aufgebaut hatte. Ich durfte nicht zulassen, dass die Bipo ihm das alles einfach so zerstörte. Nein!

Bei uns war es nun so, dass mir sein behandelnder Facharzt, der mir auch den Weg für eine eventuell notwendige Zwangseinweisung freigemacht hatte, empfahl, mich selbst als Betreuer zu bewerben. Da ich mich am besten mit den finanziellen und bürokratischen Familienverhältnissen auskennen würde. In was schlitterte ich da gerade hinein, konnte ich das überhaupt überblicken? Wollte ich das wirklich? Nur weil ich Bernhards Ehepartner war, der jetzt wie fremdbestimmt in eine entgleisende Lage gerutscht war? Das war nicht er, sondern seine „inneren Drogen", die den Schlamassel anrichteten. Gehörten die auch zu meinem Eheversprechen? Nie im Leben hatte ich Erfahrungen mit einer amtlichen Betreuung gesammelt oder eine Ahnung davon, wie so etwas ginge. Man konnte da so viel falsch machen, versäumen.

Eine extreme Manie ist eine ernstzunehmende Herausforderung. Sie ist nicht zu betreuen, wie vielleicht ein dementer Angehöriger, dessen Wünsche man zu kennen glaubt. Die Manie ist bis zum Abklingen der Krankheitssymptome rücksichtslos, fordernd, mit Weilen mein Gegner, ich und meine Entscheidungen werden verzerrt. Zu dem, wie die Manie mich sehen will. Auch zu dem Bild des Unterdrückers, des Ausnutzers, des Betrügers vielleicht sogar. Muss natürlich nicht immer so sein, aber es kommt durchaus vor. Und davor muss ich mich und unsere Beziehung, die sich später wieder normalisieren kann, schützen. Aus der Schusslinie nehmen. Und das tue ich ganz sicher nicht, wenn ich für eine Zeit, in der so viele Entscheidungen anstanden, die Entscheidungsgewalt übernähme. Mit allen Rechten und Pflichten wohlgemerkt. Ich durfte nicht zu naiv an so eine unvorhersehbare Aufgabe herangehen.

Ich behaupte nun einfach mal, mag vielleicht nicht in jedem Fall zutreffen, aber wenn eine Manie heftig zuschlägt, ist das, wie in unserem Fall, eine Sache für einen Berufsbetreuer, vielleicht sogar einen Rechtsanwalt. Und mal ganz ehrlich: Nicht nur, dass die vielen Rechtsfragen wie die Rückabwicklung von Kaufgeschäften, der Arbeitsprozess wegen der Jobkündigung, fristgerechte Beantragungen von Krankengeld und Rente, der Umgang mit dem Betreuungsgericht selbst und den Banken und sooooo Vieles mehr mich als Laien einfach überforderte. Den Laien, der wie ich gleichzeitig, mental und emotional, auf das Tiefste selbst betroffen war. Wie sollte ich da einen klaren Kopf haben für amtliche Korrektheit? Wie konnte ich in dieser Ausnahmesituation den Überblick bewahren, Fristen korrekt einzuhalten, die richtigen Schriftsätze an die richtigen Stellen zu schicken? Amtliche Bürokratien zu überblicken? Ich war ja selbst familiär und gefühlsmäßig in einem tiefen Chaos versunken.

Ich brauchte Hilfe. Und als Betroffener eines akut manisch Erkrankten ist man ganz sicher ein „Fall" für Hilfe. Das ist der Zeitpunkt, wo man spätestens erkennen muss, dass man es nicht mehr alleine schafft. Bisher mag ich es immer noch geschafft haben, mein Seelchen durch Knuddeln bei der Stange zu halten. Mir selbst Gutes zukommen zu lassen, um meine Balance halten zu können. Aber spätestens jetzt war der Punkt erreicht, an dem ich selbst in Schräglage geriet. An dem ich einen Betreuer brauchte, der mich an seine große starke Hand nahm und mir das Gefühl gab, ab jetzt gehst du nicht mehr alleine durch den Schlamassel. Ich bin da, dich und Bernhard durch die schwere Zeit zu begleiten. Dir ein bisschen der Verantwortung zu nehmen. Zumindest der der bürokratischen. An der menschlichen Verantwortung hast du gerade genug zu tragen, die Ärzte werden dir schon noch genug Aufgaben stellen. Und so hatte das weise Betreuungsgericht Mitleid mit mir und setzte nicht mich, sondern unseren Rechtsanwalt als Betreuer ein, der sich als wahrer Segen für uns erweisen sollte.

Und bei aller Professionalität des Betreuers: er brauchte mich trotzdem gerade auch ganz dringend, für die vielen bürokratischen Zuarbeiten, die ein Außenstehender ja erst mal sichten musste. Bankbelege, Verträge, Versicherungen, frühere Krankengeschichten usw. usw. Ich wurde zur absoluten Bürohilfe in dieser Zeit, tausende Kopien an Betreuer und Amtsgericht, daneben „Seelensorger" für den Kranken und nicht zu vergessen „Seelenaufrichter" der Kinder. Ich hatte zu funktionieren und es ist erstaunlich, welche Kräfte man in solch einer Ausnahmesituation zu entwickeln in der Lage sein kann. Wenn man vorher schon stabil aufgestellt ist. Daneben fand ich mich noch meiner neuen Rolle des amtlich Mitbetreuten wieder, denn man hängt als Familie ja automatisch da mit drin. Ich hatte meine persönlichen Verhältnisse, die irgendwie mit meinem Partner ja logischerweise verknüpft sind, auch teilweise mit offenzulegen. Daran muss man sich auch erst mal gewöhnen!

Ein Aspekt erscheint mir bei aller Komplexität des Einzelfalles aber noch viel entscheidender und sollte bei jeder Entscheidung mit bedacht werden: In einer ausgeprägten Manie wird genau der Mensch, dem man emotional am nächsten steht, ganz leicht zum Feindbild. Sie erinnern sich: der starke Ruck am verbindenden Seil, der den Partner umhaut und dann noch die Beschimpfung, weil er nicht richtig festgehalten hätte. Die Manie kehrt so viele Emotionen zeitweise rücksichtslos ins Gegenteil um. Wie erklären Sie dem manischen Umhang, dass Sie seine geliebten Geschäfte rückabwickeln müssen? Er wird wütend auf Sie, vielleicht sogar aggressiv. Sie werden tiefer und tiefer in das Feindbild rutschen, obwohl Sie realistischer Weise genau das Richtige getan hätten, um Folgeschäden möglichst gering zu halten.

Hier entpuppte sich das Tätigwerden unseres verständnisvollen, sehr einfühlsamen Betreuers als wahrer

Segen: indem es ihm gelang, zu beiden Seiten Vertrauen auszubauen, konnte er den benötigten Puffer aufbauen. Er konnte Bernhard gegenüber alles auf seine Kappe nehmen, auch vielleicht Dinge, die ich schon vorher in die Wege geleitet hatte, wie etwa die Rückgabe des Bootes und den Abbau des Blumenschmuckes. Er hatte den Abstand, die heftigen Reaktionen des Manischen an sich abprallen zu lassen. Ich als Ehefrau musste dafür kämpfen, nicht mehr und mehr zum Gegner zu mutieren. Zuviel an Vertrauen, das nach der akuten Phase wieder von Nöten sein würde, könnte verspielt worden sein. „Ich habe das Schiff nur zurückgegeben, weil dein Betreuer es so angewiesen hat!" Diese Notlüge musste erlaubt sein. Sie war Teil der Krankheitsbewältigung. Dies war so wichtig und wertvoll, glauben Sie mir. Es erleichterte so Vieles in der Aufarbeitung der Geschehnisse, als Bernhard dann langsam wieder auf den Normallevel zurückkehrte und zu erahnen begann, dass Andere seine "Projekte" wie den Bootskauf, die Kündigung und sein Blumengeschäft gestoppt hatten.

Da ist er wieder der Puffer, die Sicherheitszone, die in bestimmten Situationen einfach da sein muss. In dieser Extremphase musste ich und auch die Kinder aus dem Schussfeld genommen werden. Denn wir wollten keinen

Verlust der emotionalen Verbindung, nur weil sie phasenweise zu sehr befeuert wird. Wir mussten sie schützen. Wir mussten das eine oder andere einfach abschirmen. Unwichtige Dinge vielleicht einfach möglichst kommentarlos übergehen, aber das geht natürlich nicht bei allem. Wir durften nicht vor den Auswüchsen kuschen, sondern stark dagegen halten, aber wie gesagt, ab und zu mal einen Schutzwall dazwischenschieben, damit es nicht zu Verletzungen kam, die später nicht mehr gut zu machen wären. Immer im Kopf behielten, es war der Umhang der feuerte, nicht der Mensch darunter, den wir hofften, bald gesund wieder in Empfang nehmen zu können.

Es war enorm wichtig, dass Bernhard Vertrauen zu seinem Betreuer entwickelte, damit er mitarbeitete und nicht dagegen und vor allem, dass er es schaffen konnte, über Jahre eine amtliche Betreuung zu akzeptieren. Denn man darf nach Abklingen der akuten Manie niemals vergessen, dass trotz guter Medikamente, eine neuerliche Episode nie ganz ausgeschlossen werden kann. Und so war auch hier von meiner Seite her ganz wichtig, den Schutz des Betreuungsgerichtes als etwas Segensreiches zu akzeptieren und dies auch ihm gegenüber so zu vertreten. Damit er nicht das Gefühl bekam, dass mir das unerträglich wäre und er sich vielleicht deswegen möglichst schnell wieder da heraus manövrieren wollte. Ich trug hier auch durch meine Einstellung eine große Verantwortung.

Dass nun in vielen offiziellen Dingen ein Gericht ein Mitspracherecht auch an meinem Leben hatte, daran konnte ich mich schnell gewöhnen, denn im Gegenzug nahm es unserer Familie viel Verantwortung und Angst ab. Manches, was eigentlich nur mich anging, wurde trotzdem mit überprüft. Aber das konnte ich einfach akzeptieren, denn dadurch war der Puffer da, für Dinge, die ich nun mit dem Umhang nicht zu diskutieren brauchte: brauchte er das Boot wirklich, machten seine teuren Geschäftsplanungen wirklich Sinn?

Da ich die Betreuung als etwas sehr Befreiendes, Positives kennen lernte, konnte ich auch den negativen Erfahrungen damit relativ entspannt begegnen. Eine große Hilfe war natürlich, dass wir, vielleicht in weiser Vorahnung, auch schon vor dem Tag X getrennte Bankkonten hatten. Ich kann das eigentlich nur jedem Paar anraten, das mit dieser Erkrankung in Berührung kommt und manische Krankheitsphasen nicht gänzlich ausschließen kann. Zum einen als Sicherheit für die Zeiten, in der ein Kaufrausch mit ungeahnten Geldausgaben "zuschlagen" könnte und natürlich dann auch für die gerichtliche Kontrollzeit. Es war eine große Hilfe, dass ich auch in der betreuten Zeit noch über mein eigenes Vermögen selbst entscheiden konnte. Es haben sich schon einige kuriose Situationen daraus entwickelt, über die ich mittlerweile aber zu schmunzeln in der Lage bin.

Zum Beispiel verweigerte der Kontoauszugsdrucker meiner Bankkarte zu Bernhards Konto plötzlich seinen Dienst, worauf ich zunächst nicht gefasst war und eine junge Bankangestellte darauf ansprach. "Ah, da haben wir es schon..., ja das Konto steht ja unter Überwachung, da geht dann eben nichts mehr!" Den musternden Blick der hochnäsigen Göre, man entschuldige den Ausdruck, aber hier traf er leider zu, werde ich nie vergessen. So von wegen "ach, du stehst unter Betreuung, was hast duuuuu denn angestellt?" Tja, da könne sie denn leider gar nichts machen! Ich konnte es mir nicht verkneifen, ihr mitzuteilen, dass ich auch noch andere unbetreute Geschäftskonten in ihrer Bank führte und ob mir vielleicht ihr Vorgesetzter mal weiterhelfen könnte?

Erstaunlich, wie schnell man in ein Schema F gepresst werden konnte, in dem Moment der vermeintlichen Schwäche. Ich wollte mich aber einfach nicht pressen zu lassen, schon gar nicht von einer schnippischen Rezeptionistin! Sie hatte sicher keine Ahnung davon, dass ein Konto nicht nur wegen eines unredlichen Lebensstiles, sondern wegen einer manifesten Erkrankung, die jeden, so auch sie, treffen konnte, überwacht werden konnte. Schade für sie. Aber es durfte nicht mich negativ treffen. Ich hatte keinen Fehler gemacht. Ich war lediglich die Ehefrau eines Erkrankten, den ich weiter auf seinem Weg unterstützte. Und deshalb würde ich noch lange nicht die Absicht haben, nun in Zukunft vor einem Bankautomaten oder einer zickigen Dame um Gnade bitten zu wollen. Ich machte meinen Job gut, dann sollten die es bitte auch machen. Ich glaube meine Erwiderungen und Körpersprache haben es der jungen Dame zur Kenntnis gebracht.

12. Sicher oder hilflos?

Trotz eines gut funktionierenden amtlichen Betreuungssystems bin ich inzwischen der Meinung, dass es besser ist, schon vor dem Tag X Sicherungspläne in die privaten geschäftlichen Verhältnisse zu bringen, sobald man weiß, mit welcher Art von Krankheit man es zu tun hat. Ich denke, dass man die Exzesse einfach zu leicht unterschätzt, zu blauäugig nicht sehen will, was auf einen zukommen kann. "Ach bei uns ist das alles ganz anders, so schlimm wird es nicht kommen. Nicht so pessimistisch sein!" Klar, wie muss es sich für meinen Partner anfühlen, wenn ich in "normalen" Phasen ihn auf solche Dinge ansprächte? Auch in anderen Bereichen denkt man ja an Vorsorgevollmachten für den Fall der Fälle und sowas. Nur hierbei geht es ja um eine Absicherung, die "gegen" den einen gerichtet ist. Das Sicherheitsnetz nur unter den Kranken zu spannen. "Du, es kann sein, dass du irgendwann nicht mehr einzuschätzen weißt, was du tust, deshalb müssen wir jetzt mal unsere Verhältnisse wasserdicht klären!" Welche Beziehung hält sowas aus? Zumindest zu einer Zeit, in der der Umhang noch gnädig ist, man allenfalls ahnen könnte, was da auf einen zurollt. Jetzt, wo „das Kind nun schon einmal in den

Brunnen gefallen war", stand es auch für Bernhard, als er befreit vom Umhang wieder realistische Gedanken entwickeln konnte, außer Frage, solche Dinge zu regeln und somit mehr Sicherheit für mich und die Kinder zu schaffen.

So fand ich mich nach Bernhards stationärer Aufnahme und eingeleiteter amtlicher Betreuung plötzlich auch vor einer ganz anderen Fragestellung wieder, die mir früher so nie in den Sinn gekommen war, und ich weiß bis heute nicht, warum ich mich just in dem Moment, in dem so Vieles über uns hereinbrach, damit beschäftigte. Vielleicht hatte es damit zu tun, dass sich meine Gedanken plötzlich um das Existenzielle, das „Große", zu kümmern begannen. Mir Kummer machten. Was wäre wenn…?

Wir hatten schon viele Jahre ein sogenanntes Berliner Testament abgeschlossen, uns gegenseitig zunächst als Alleinerben eingesetzt, in dem vollen Vertrauen zueinander, dass „im Fall der Fälle" der verbleibende Partner großzügig für unsere Kinder alles regeln würde. Sie sollten gut versorgt sein für eine gute Ausbildung. Das stand nie in Frage, wir wussten, dass wir uns gegenseitig aufeinander verlassen konnten.

Doch nun kam ein neuer Mitspracheberechtigter mit ins Spiel: das Amtsgericht. Würde es sich nicht vielmehr um das Vermögen des Betreuten kümmern müssen, als um Großzügigkeit seinen Kindern gegenüber? Es musste per se sachlich verwalten, nicht liebevoll!

Hier mussten wir, egal wie es uns in dieser Situation menschlich wehtun mochte, in gegenseitigem Einverständnis zu einer Lösung finden, damit mit meinem Part so verfahren werden könnte, wie es mir am Herzen lag. So beschlossen wir, auch unser Testament auseinander zu dividieren. Wohlgemerkt: dieses Blatt Papier, das unsere persönlichen Wünsche regeln sollte, „im Fall der Fälle". Das hieß für mich keineswegs, dass ich damit das Vertrauen in Bernhards Großzügigkeit und seine Liebe zu den Kindern in Frage gestellt habe. Es hieß für mich, das bürokratische Sicherheitsnetz so zu spannen, dass die Menschlichkeit nicht der Bürokratie zum Opfer fallen konnte.

Aber ich möchte trotzdem dazu ermutigen, frühzeitiger als wir, untereinander so ehrlich zu sein, dass man sich eben nicht in solch eine hilflose Lage bringt, in der wir uns letztlich befanden, in der Angst um die Existenz mit ins Spiel kam. Man kann sich Vieles erleichtern, indem man frühzeitig Konten trennt, wenn möglich Vermögen absichert und vor allem ganz wichtig: sich als Partner einarbeitet in die Familienbürokratie, für den Fall, dass man plötzlich alleine ans Ruder müsste.

Wenn die wichtigsten Dinge vor der Erfordernis einer Betreuung geregelt sind, erleichtert das viele bürokratische Abläufe und Eingriffe auch in meine Privatsphäre. Denn nun wird alles sehr genau beobachtet und man verliert als Mitbetreuter trotz allem auch viele Entscheidungsrechte, die bisher als Ehepartner einvernehmlich automatisch am Laufen waren. So musste nun jede Anschaffung, die über Bernhards monatliches Einkommen hinausging, beim Betreuungsgericht vorab beantragt werden. Und bei der heutigen Personalknappheit kann sich jeder vorstellen, dass das auch mal länger dauern konnte. Auch für Dinge, die z.B. Anschaffungen für unsere Kinder betraf, konnte das schon mal etwas nervig sein. Aber wir haben uns damit arrangieren gelernt, da wir im Gegenzug viel an Sicherheit gewonnen haben, dass Bernhards Vermögen nun nicht aus einer Laune heraus in Gefahr geraten konnte.

Bei der Schaffung klarer Verhältnisse gibt es natürlich auch unter der Betreuung die Möglichkeit unter fairen Bedingungen für beide zum Beispiel durch einen Ehevertrag zusätzlich ein bisschen Angst zu nehmen für die Zukunft nach einer Betreuung. Dass man im Fall der Fälle nicht mehr mit hineingezogen würde in existenzielle Probleme. Die "Geschäftsbeziehung", die eine Ehe ja auch beinhaltet, abzumildern, damit man menschlich weiterhin entspannt zusammen durch schwierige Phasen gehen kann und eben nicht vor Angst weglaufen muss.

Und eines durfte ich trotz gut funktionierender Betreuung niemals vergessen: dass, auch bei anfangs guter Akzeptanz durch Bernhard, deren Anfechtung auch das Zeichen einer sich neuerlich abzeichnenden Manie sein kann. Der Richter, der dann die Entscheidung darüber zu treffen hat, jedoch oft nur danach entscheiden kann, welchen Eindruck der Betreute auf ihn macht. Und eine "Manie in Startlöchern" kann ein Richter wahrscheinlich nicht als solche diagnostizieren. Das kann sogar erfahrenen Therapeuten durch die "Lappen gehen". Der Erkrankte wirkt vital und bei guten geistigen Kräften. Somit muss er von Amts wegen aus der Betreuung entlassen werden. Unter Umständen beginnt der Teufelskreis von vorne.

So haben wir es leider bei Bernhards Cousin mehrere Male miterleben müssen. Zunächst wurde die Betreuung relativ klaglos eine Zeit lang mitgetragen, dann aber „schaffte" er sich, in vermeintlich guter Verfassung, die ich jedoch als eine beginnende Manie deute, mit allen möglichen Rechtsmitteln wieder heraus. Und jedes Mal folgte recht bald darauf eine neuerliche offensichtliche Manie mit endlosen Geldausgaben, die ihm hohe Verluste einbrachte, bis eine neue Betreuung wieder eingesetzt werden konnte. So traurig solch eine Endlosschleife.

Nachdem Bernhard diese Vorgänge hautnah bei seinem Verwandten miterlebt und realisiert hat, finde ich es einfach toll, wie selbstverständlich er seine eigene Betreuung akzeptieren gelernt hat. Trotzdem möchten wir, dass unsere Notfall-Regelung für den Fall der Fälle nun funktioniert. Für Bernhard und mich, nicht gegen uns, sondern allenfalls gegen den Umhang, der ihn wieder verändern und für sein Unwesen in Beschlag nehmen könnte. Wir haben in gutem Einvernehmen mit Betreuer, Amtsgericht und untereinander unseren Ehevertrag nun in der Schublade liegen. Für den Fall der Fälle, der hoffentlich nie wieder eintreten mag.

"Überzogene Reaktion", mag manch einer denken. "So etwas will ich nicht." Das muss jeder für sich entscheiden. Ich sehe keine Nachteile darin, bestimmte Dinge abzusichern. Die Angst der Überforderung wird genommen, auf beiden Seiten. Wir haben diese Entscheidung von gegenseitigem Respekt leiten lassen, damit niemals Gefühle der Übervorteilung aufkamen. Es ging nicht darum, dem Anderen etwas wegnehmen zu wollen, sondern im Gegenteil, es zu sichern.

13. Ärztliche Betreuung - Teamwork auf Augenhöhe?

Zunächst einmal erfolgt eine ärztliche Behandlung auf der Vertrauensbasis des Patienten mit seinem Arzt. So ist das üblich und nicht zu Unrecht gibt es die ärztliche Schweigepflicht, um diese zu schützen. Auch bei uns war es so gelaufen, dass ich als Angehöriger in den gemäßigten Phasen nicht viel mehr davon mitbekam, als was mir Bernhard ab und zu selbst erzählte. Etwa solche Dinge wie welche Medikament er verschrieben bekommen hatte oder dass er in der letzten schweren Depression eine Reha beantragen sollte.

Und dann rollte die heftige Manie mit der stationären Aufnahme auf uns zu, in der nun auch die behandelnden Ärzte der Psychiatrie auf mich zukamen. Denn sie brauchten meine Unterstützung, als Bernhard gerade nicht ernstzunehmend ansprechbar war oder gar ruhiggestellt werden musste. In dieser Phase wurde ich nun vornehmlich zum Ansprechpartner, stellvertretend für ihn. Man brauchte bürokratische Informationen, Informationen über den bisherigen Krankheitsverlauf, seine persönlichen und beruflichen Verhältnisse. Ganz klar, konnten die nur von mir kommen. Es war erforderlich sich ja nicht nur über seine körperliche Verfassung, sondern ganz besonders auch über seine ganze Lebenssituation ein Bild machen. Man musste in Erfahrung bringen, ob es einen akuten Trigger gegeben haben könnte, oder ob die Transmitter "grundlos" loszuschießen begonnen hatten. Wie war sein Verhalten in den Wochen zuvor, was hatte sich verändert?

Ich würde sagen, diese Gespräche verliefen recht harmonisch, man wurde zu einem Team, der Therapeut brauchte mich, ich brauchte ihn, denn ich wollte auch erfahren, wie es Bernhard ging, was man mit ihm vorhatte, wie man therapeutisch vorgehen wollte. Seine Ärzte hatten kein Problem damit, alles mit mir zu kommunizieren, solange Bernhard selbst noch nicht der Ansprechpartner sein konnte, weil er sediert gar nicht in der Lage war, die Situation zu erfassen. Und solange erhielt ich als Ehepartner stellvertretend die Informationen, wurde in aufkommende Fragen mit involviert.

Unsere psychiatrischen Ärzte und das Pflegepersonal haben im Übrigen meine vollste Hochachtung. Als nicht Betroffener ist einem gar nicht bewusst, was sie unter schwierigsten Bedingungen der Personalknappheit und gesundheitspolitischen Restriktionen zu leisten haben und welche medizinischen und psychologischen Höchstleistungen sie vollbringen, um an die psychisch Erkrankten erst einmal mental heranzukommen. Denn in vielen Fällen, wie eben einer ausgeprägten Manie, machen die Patienten ja oft erst mal "zu", wiedersetzen sich vielleicht sogar mit körperlicher Gewalt. Wollen keine Behandlung, denn es geht ihnen ja so gut. Und der Level zu Zwangsbehandlungen ist - auf der anderen Seite "Gott-sei-Dank" - sehr hoch gelegt.

Auch für mich als Angehörigen war die Situation ganz und gar nicht einfach zu verkraften. Als mir eröffnet wurde, dass der Umhang sich körperlich zu wehren begonnen hatte, nicht mitmachen wollte. Randalierte. Bernhard hatte am ersten stationären Tag damit gedroht, eine Kaffeemaschine aus dem Fenster zu werfen, würde man ihn nicht in Ruhe lassen. Es bedurfte einer "dicken Haut", mir klar zu machen, dies war der Umhang, der sich hier so fürchterlich aufführte. Ich und natürlich auch die Kinder wussten sehr genau, dass Bernhard, der da drunter steckte, ein ganz anderer war, ein umgänglicher, sehr aufgeschlossener und einsichtiger Mensch, der dieser notwendigen Therapie sehr wohl zugestimmt hätte. In diesem Sinne habe ich das auch versucht, mit den Kindern zu kommunizieren, die mit der ausgeuferten Situation natürlich auch erst mal umgehen lernen mussten und meine Reaktionen sehr genau beobachteten, um ihre Orientierung daran zu finden. Wohin führte das alles, war alles ok, wie es lief? Ich versuchte ihnen zu erklären, dass jeder Schritt der dringlich notwendigen Therapie auf die baldmöglichste Befreiung des guten Menschen zielte, der Hilfe brauchte.

Solche Gedankengänge haben mir sehr geholfen in auch für mich sehr belastenden Momenten und ich konnte lernen, immer wieder diesen gedanklichen Schritt zurück zu treten, um die eigenen mitleidenden Gefühle in den Griff zu bekommen. Tränen sind natürlich auch bei mir geflossen, doch ich versuchte mich sehr zusammen zu reißen, denn die Kinder und im Besonderen Bernhard brauchten jetzt meine Stärke und Entschlossenheit, um ihre und seine eigene Orientierung wieder zu finden. Primär Bernhard war von dem Mantel aus der Bahn geworfen worden, er brauchte unsere Unterstützung. Die unvoreingenommen zu geben, das war wahrlich nicht leicht, da wir ja im Sog mit von den Füßen geholt worden waren.

Sein Leben hatte sich mit dieser Episode total verändert. Seinen Lebensarbeitsplatz hatte ihm die Manie genommen, auch wenn er das zu diesem Zeitpunkt wohl noch nicht so richtig realisierte. Es würde ein totaler Wendepunkt in seinem Leben werden. Keine Arbeit mehr, somit den Kontakt zu seinen Arbeitskollegen weitgehend verloren. Später würde der Tagesablauf neu gefüllt werden müssen. Die Rente würde warten. Schon krass, wenn ich mir das so vor Augen führe. Den Kindern und mir wurde gleichzeitig einiges an finanzieller Sicherheit genommen, wie würde es weiter gehen? Der ganze Alltag würde sich ändern. Für mich hieß es auch hier "bitte übernehmen".

In seiner nun folgenden Therapie ging es also zunächst erst einmal darum, den neu eingelieferten Patienten vom Feind zum Freund und Vertrauten zu machen, so wurde mir das von seinem Arzt erklärt. Damit er sich vertrauensvoll öffnete für die notwendige Therapie und bereit war, mitzuarbeiten. Auch hier war meine Unterstützung gefragt, dieses Vertrauensverhältnis mit aufbauen zu helfen. Bernhard das Gefühl zu vermitteln, dass er in guten Händen war und man sich sehr einfühlsam bemühte, ihm zu helfen. Obwohl ich es noch hauptsächlich mit dem Umhang zu tun hatte, der mich vielleicht eine Zeitlang selbst noch angriff, rücksichtslos mit meinen Gefühlen umging. Wir erinnern uns an den Vorwurf der Unterdrückung und dass er nun nur noch sein Ding durchzuziehen gedenke...

So konnte ich doch versuchen, die kleinen Zugänge zu meinem normalen Partner wieder zu finden, wo immer sich ein kleines Schlupfloch für mich ergab. Und durch diese dem "Gefangenen" die Botschaft zu übermitteln, wir alle sind da, dir zu helfen, diesen schweren Weg mit dir zu gehen, du kannst Vertrauen haben, wir schaffen das. Keine leichte Aufgabe in einer Zeit, in der ich selbst mit dem Vertrauen in die Zukunft haderte. Ich mich zudem noch selbst in Abwehrhaltung befand, damit der Umhang mich nicht gänzlich umwerfen sollte. Das Leben forderte gerade auch ein bisschen Schauspielkunst von mir, nur keine Schwäche zeigen jetzt, zumindest nicht im Krankenzimmer, mich ausheulen konnte ich zu Hause.

Es ist wahrhaft erstaunlich wie stark man in einem solchen Ausnahmezustand funktionieren kann: Der Kranke brauchte meine Unterstützung, die Ärzte meine Informationen und Tatkraft, die Kinder meine Geborgenheit und Stärke. Ich wiederum bekam dafür dann schon die starke Hand des Betreuers gereicht, der mich bürokratisch und vor allem menschlich unterstützte. Er ließ den Puffer einschweben. Dass ich mich ein bisschen distanzieren lernte und meinem Seelchen klar machen konnte, ich bin nur die Begleitung und ich darf mich zumindest kurzzeitig auch mal ausklinken und wieder an mein eigenes Leben denken. Ich darf mir ab und zu gute Momente schenken, in denen ich entspannen darf, in denen ich etwas tun darf, was mir Freude bringt, das die Kraft zurückbringt. Einmal auftanken bitte! Das war so nötig in diesen Momenten! Das war ich mir selbst als Mensch schuldig und ich musste es einfach auch für mich in Anspruch nehmen lernen. Sonst wäre meine Begleitung nicht lange gut gegangen.

Nun, als Laie stellt man sich den Weg des Patienten so vor, ein paar Medikamente, ein bisschen Psychotherapie und dann wird er bald wieder der alte sein. Mitnichten! Es war ein ganz schwerer langer Weg zurück aus dieser Extremphase und bei allen guten Therapien, kann man nicht immer erwarten, dass der "Alte" bald wieder in sein Leben heimkehrt, wie als wenn nichts gewesen sei.

Die Erfahrungen prägen, nicht nur ihn, auch mich, die Medikamente nehmen einen nicht geringen Einfluss auf das Empfinden und die Gemütslagen. Genauso wenig wie ein paar Antidepressiva den Durchhängenden einfach wieder aus dem Loch holen können, genauso wenig können ein paar Beruhigungsmittel die Manie auflösen.

Ich habe inzwischen verstanden, warum ein vorsichtig anleitender Weg notwendig war. Dem "Gefangenen" musste geduldig und schonend die Krankheitseinsicht beigebracht werden. Nur mit Bernhards Mithilfe und Mitarbeit war es möglich, dass er langsam wieder herauskriechen konnte und somit der Umhang an Einfluss verlor. Vorsichtig auch, damit nicht als nächstes gleich das depressive Loch drohte, wenn er zu erkennen begänne, wie rücksichtslos er sich vielleicht Anderen gegenüber verhalten hatte. Für mich hieß dieser Aspekt, dass ich nicht mit Vorwürfen an ihn herantreten sollte. Die brachten uns nicht weiter, sondern hätten die Situation wahrscheinlich verschlimmert. Schonende Ehrlichkeit war schon von Nöten im Lauf der Aufarbeitung des Geschehens, das gehört meiner Meinung nach ein bisschen zur notwendigen Krankheitseinsicht. Bernhard sollte schon verstehen, was die Krankheit mit ihm und uns angestellt hatte, damit er seine Therapie ernst nahm und seiner Krankheit den Kampf ansagen lernte. Aber Vorwürfe, was er uns mit seinem manischen Verhalten angetan hatte, d.h. die emotionale Ebene berühren, damit musste ich vorsichtig sein.

Das war ein Punkt, an dem ich mich sehr zurücknehmen musste, denn was hatte sich auch in mir für Wut und Frust aufgestaut, den ich ablassen musste, um mich selbst zu entlasten. Wie konntest du mir das alles antun?

Aber auch hier denke ich, war das Krankenbett nicht der richtige Ort. Ich musste dies für mich selbst abarbeiten, vielleicht bei meinen Alltagsengeln oder in meinem stillen Kämmerlein. In mich hinein fressen durfte ich es auf keinen Fall, es musste schon raus. Das war ich meinem eigenen Seelchen schuldig. Ich musste mir etwas Gutes tun, auch wenn da wieder die Außenstehenden ins Spiel kamen: "Was, ihr Mann ist so schwer krank und sie geht zur Meditation?" Ja, ich tat es, bewusst, musste es tun, gerade weil ich die Kraft für meinen Kranken auftanken musste.

Mit der Zeit veränderte sich nun mein Verhältnis zu den betreuenden Ärzten. Nicht offiziell. Als aber alles gut lief, wurde Bernhard wieder der erste Ansprechpartner, die Vertrauensbasis konnte errichtet werden, ein wunderbarer Prozess und das normale Arzt-Patienten-Verhältnis entwickelte sich erfreulich gut. Mit mir wurde nun nur noch ganz am Rande mal kommuniziert. War alles in Ordnung so, das wollte ich als Patient für mich selbst wahrscheinlich auch so.

Eine Schwierigkeit sehe ich allerdings darin, dass es in der Regel so ist, dass das Ärzteteam den Patienten nicht in seinem Normalzustand kennt. Sie sehen zunächst einmal die 250 PS. Die Therapie beginnt erfolgreich und der Patient kommt auf 175 PS runter, was dazu verführt, ihn schon auf Normallevel zu sehen. Und es kann sein, dass noch Restteile des manischen Gedankengutes eine gewisse Aggression und Ablehnung gegen mich belassen haben. Die Therapeuten dies aber nicht deuten können, da sie den "Normalmenschen vorher" ja gar nicht kannten. Und hier wurde es problematisch, als die Kommunikation mit mir nicht mehr funktionierte.

Bernhard wurde während seines stationären Aufenthaltes für ein paar Tage nach Hause entlassen, um das heimische Umfeld wieder zu erfahren. Dabei hatten die Ärzte wohl seinen "heruntergefahrenen" Zustand schon als normal eingeschätzt. Sie kannten den Normalzustand von früher ja nicht. Leider wurden meine Bedenken dazu arglos in den Wind geschlagen..."ich bräuchte mir keine Sorgen zu machen" und so hat uns Bernhards Superbenzin in helle Aufregung versetzt, die Kinder und mich.

Von der ersten Minute zu Hause verfolgte er die Umorganisation des Haushaltes, Gegenstände wurden neu angeordnet, Möbel geputzt, Regale neu angebracht, ohne es vorher zu besprechen, unerwartete Wutausbrüche über Unordnung, Kritik an Allem und Jedem. "Na und, ist das schlimm?" fragten mich Ärzte und Bekannte, denen ich es verzweifelt erzählte. Die Tatsachen alleine sicher weniger. Aber diese ferngesteuerte Dranghaftigkeit, mit der dies alles geschah, das war nicht unser Bernhard. Angst keimte in uns auf, dass wir im Notfall keinen beruhigenden Zugang zu ihm finden könnten, sein Gemüt sich nicht mehr in unserer Reichweite befand. Das war das eigentlich Unheimliche für uns, nicht das Umsortieren der Lebensmittelvorräte. Wirklich dumm gelaufen. Es wäre hilfreicher gewesen, ärztlicherseits in einen engeren Dialog mit uns als Familie zu gehen, denn wir kannten unseren normalen Bernhard, wir konnten seinen Zustand wahrscheinlich besser einschätzen als jeder Therapeut. Einfach schade. Durch die aufkommende Angst machten sich lähmende Gefühle in uns breit. Angst vor dem Umhang, die es uns nicht mehr ermöglichte, zu diesem Zeitpunkt adäquat und unvoreingenommen für den Erkrankten da zu sein. Auch die Kinder in Alarmstimmung versetzte, „was machen wir, wenn er heute Abend nicht freiwillig wieder ins Krankenhaus zurück geht?" Ich habe mir dann erlaubt, „Stopp" zu sagen, „Halt, es geht nicht mehr. Heimurlaub können wir als Familie zurzeit nicht mehr mittragen." Entsetzen auf ärztlicher Seite mit dem Vorwurf an mich, den kranken Bernhard lieblos fallen zu lassen. „Das wäre schon ein Hammer meinerseits, was ich mir anmaßte!" Dazu kam, dass die Kommunikation der Mediziner von deren Seite mit mir für einige Monate gänzlich abbrach. Bedeutete wohl unmissverständlich, dass man mit meinem Verhalten ganz und gar nicht einverstanden war.

Objektiv gesehen war Bernhard noch nicht wieder in der Lage, ganz auf eigenen Füßen sicher zu stehen. Und wir waren die Familie, die nun die ersten Gehversuche wieder mit ihm machen sollte, ohne zu der Situation befragt worden zu sein. War ich dazu ausgebildet, wie ich anfange, mit ihm die ersten Schritte zu tun? Hatte man mir erklärt, wie ich ihn stützen sollte? War seine Einstellung zu mir schon wieder die alte, dass er meine Stütze überhaupt wollte, dass er mir vertraute oder mich vielleicht immer noch als diejenige ansah, die ihm nur sagen wollte, wo es langgeht? Wo er doch gar nicht hin wollte und sich gegen meine Anleitung wehren musste? Das wurde sehr, sehr problematisch für unsere Vertrauensbasis, als unsere Kinder und ich und somit auch er zu früh überfordert wurden. Es hat in uns Furcht ausgelöst, sodass ich mich nicht mehr traute, mit ihm diese Schritte zu machen. Angst ist wahrscheinlich der entscheidende Faktor, warum Angehörige aufgeben. Sie sollte mit allen Mitteln vermieden werden. Sie hat mein

Vertrauen in die Ärzte negativ beeinflusst, weil sie uns überforderten. Als ich gesagt bekam, dass es ein "Unding" sei, die Gehhilfen abzulehnen.

Das größte Problem entsteht einfach, wenn die Ärzte zu sehr nur noch mit dem Patienten selbst kommunizieren, mich als Partner weitgehend außen vor lassen und aber gleichzeitig mich als festen Therapiebestandteil mit einplanen und -fordern. Klar bin ich nicht ihr Patient, sie wissen nichts von meiner derzeitigen Verfassung und Belastbarkeit. Aber es wird manchmal vergessen, dass ich nur zu leisten in der Lage bin, wofür meine Kräfte reichen, worauf ich vorbereitet und wozu ich auch befragt werde, ob ich mir das zutraue. Und hierzu muss ich einfach in Augenhöhe behandelt werden, nicht als Befehlsannehmer, "hier übernimm, aber frage nicht mehr dazu!" Sicher ist das nicht die Regel, dass so mit mir umgegangen wird. Aber es kann vorkommen. Und in unserem Fall war es nun mal so vorgekommen. Und bei aller Dankbarkeit in die Hilfe, die wir ärztlicherseits erhalten hatten, so kann es nicht mehr gehen, dass meine Leistungsfähigkeit ungefragt erwartet wird und dann noch Schuldzuweisungen an mich gehen, dass ich den Kranken "fallenlasse", weil ich bei Überforderung "Stopp" sagte. Da wären wir wieder: Es nutzt niemandem, "Stopp" zu sagen, wenn es keiner hören will. Wenn man zur Antwort bekommt, "wie kannst du nur - du musst". Vor allem, wenn das "Stopp" nicht der Bequemlichkeit entspringt, was einem immer wieder vorgeworfen werden kann. Wenn es der Überforderung, der Angst entspringt, dann muss es einfach ernst genommen werden. Sonst wird meine Beziehung zu dem Kranken nie wieder "normal" werden können. Es braucht Zeit und einen sorgsamen Umgang damit. Nicht das Brecheisen. Sonst geht es für beide nicht gut. Weder für den "Gesunden" noch den "Kranken". Eine gesunde Beziehung auf Basis von Überforderung geht nicht wieder aufzubauen.

Mein Apell und meine herzliche Bitte an psychiatrische Therapeuten: Toll, was Sie für Ihre Patienten leisten! Mein voller Respekt. Aber denken Sie bitte auch an die Angehörigen, Ihre Heimtherapeuten, schauen Sie sie sich genau an, in welchem Zustand sind sie, sind sie der Aufgabe gewachsen, zu diesem Zeitpunkt und zu dem Zustand des Patienten, das zu leisten, was erwartet wird und von Nöten ist. Fragen Sie sie, bereiten Sie sie darauf vor, geben Sie Hilfestellung. Und bitte, bitte, niemals diese Vorwürfe, man würde bequemerweise fallen lassen, wenn man nicht in der Lage ist, ad hoc in die neue Rolle so zu schlüpfen, wie sie erwartet ist. Bitte immer daran denken: Angehörige bipolarer Patienten haben in der Regel schon einen sehr langen beschwerlichen Weg hinter sich und sind folglich eventuell nicht mehr unendlich belastbar, denn viele Kräfte sind wahrscheinlich schon auf der Strecke geblieben!

Vielleicht werden wir alle hier ein bisschen Opfer unseres eigenen Systems: einerseits die hervorragenden medizinischen Leistungen der spezialisierten Fachärzte. Zu dem Preis, dass durch die zu starke Konzentration auf das Spezielle, das Allgemeine, das soziale Umfeld des Erkrankten auf der Strecke bleibt. Vor lauter Bäumen der Wald nicht mehr ausreichend beachtet werden kann. Dieser aber den Patienten tragen soll und muss. Denkt man an den Landarzt früherer Zeiten, so hatte er sicher nicht das profunde Spezialwissen. Aber er war vielleicht in der Lage zu erkennen, was die zugehörige Familie schon hinter sich hatte, was sie noch zu leisten in der Lage war, welche therapeutischen Aufgaben man ihr zumuten konnte. Natürlich sind wir sehr dankbar für das heutige hochqualifizierte Leistungsspektrum unserer modernen Medizin. Aber sollten wir nicht gerade im Bereich der Psychiatrie auch einen kleinen Schritt zurücksteuern vom allzu Speziellen wieder hin zu der größeren Breite, die die Angehörigen mit einschließt? Um die spezifizierte Therapie auf eine breitere Basis zu stellen, die auch von den Mitmenschen getragen und stabilisiert werden kann?

Ich bin den schwierigen Weg mitgegangen, habe mein Bestes gegeben. Ich möchte ihn auch weiter unterstützen und begleiten, so gut es geht, soweit die Kräfte dazu reichen. Aber ich bin deshalb keine ausgebildete Psychiatriekrankenschwester, die mit jeder denkbaren Problematik klar kommen kann. Es kann sein, dass auch ich körperliche Gebrechen oder wechselnde Gemütsverfassungen haben kann. Ich bin daneben noch verantwortlich für das seelische und körperliche Wohlergehen unserer Kinder. Ich habe meinen Ganztagsberuf weiterhin verantwortungsvoll auszuüben. Und ich bin verantwortlich für mein eigenes Leben, dem ich auch mein eigenes Wohlergehen schuldig bin. Unter Berücksichtigung dieser Aspekte bin ich bereit und in der Lage jegliche Unterstützung zu geben, die ich leisten kann. Für alles darüber Hinausgehende muss eine Lösung gefunden werden.

"Mögen die Grenzen, an die du stößt,
einen Weg für deine Träume offen lassen."
Irisches Sprichwort

14. Stärke, Schwäche, Zweifel

Die Bipo macht verwundbar, neben dem Kranken eben auch mich durch unsere gemeinsame emotionale Verbindungsstelle. Man kann sich nie sicher sein, welche Formen und Intensitäten sie annehmen kann. Dafür ist diese Erkrankung, mit der wir es zu tun haben, zu unberechenbar.

Aber die klare Einstellung, die ich auf unserem Weg ausbilden konnte, erlaubt mir nun, Vielem die richtige Dimension in meinem Leben zuzuweisen. Ob das immer funktionieren wird, weiß ich nicht, aber ich bin guten Mutes.

Viele schwache Momente habe ich in Selbstbewusstsein umkehren können. Etwa die beschriebenen Zeiten, in denen ich, aus Unwissenheit, die Schuld an mir zu suchen begonnen habe: „Die Schuld nehme ich nicht mehr in meinen Rucksack!" Perioden, in denen ich mich von Bernhard allein oder ganz im Stich gelassen gefühlt habe: „Ich schaffe das auch alleine!" Oder wenn Angst hochkam: „Ich lasse mich nicht mehr in eine Rolle pressen, der ich mich nicht gewachsen fühle!"

Immer habe ich es geschafft, mich wieder aufzurappeln. Seit ich die Ursache für all die Schwierigkeiten zu erkennen begann, konnte ich anfangen die Geschehnisse und Auswirkungen zu hinterfragen. Ich wollte verstehen lernen, was da warum was mit uns anstellt. Medizinisches Grundwissen habe ich mir natürlich angelesen, wobei mir das meiste Verständnis aber der Versuch der Interpretation unserer eigenen Vorgänge brachte.

Wie äußerte sich die Krankheit, wie veränderte sie uns? Was machte sie mit uns, mit mir als Partner, mit unseren Kindern, welche Vorgänge und Gefühle veränderte sie? Wo hatten wir die Möglichkeit etwas daran zu verbessern, wo musste ich mich geschlagen geben? Wie weit konnten wir selbst damit klar kommen, ab welchem Zeitpunkt wurde ärztliche, ab wann sogar amtliche Hilfe erforderlich? Wo hatte ich Fehler gemacht, was lag außerhalb meines Einflussbereiches? Was könnte ich besser machen? Was musste ich mir von Anderen gefallen lassen, wo Einhalt gebieten?

So habe ich viele Zusammenhänge erkennen und verstehen und damit umzugehen lernen können. Herausfinden, wo sitzt der Knackpunkt, an dem Hilfe ansetzen kann. Sowohl Bernhard aber auch für mich selbst. Denn vordergründig halfen dem Kranken seine Therapeuten und ich unterstützte, für mich und die Kinder hatte ich jedoch im Regelfall mein eigener Therapeut zu sein, damit die Belastung uns nicht selbst zum Kranken machte.

Jeder, der in seinem engen Umfeld davon betroffen ist, kann sich und dem Erkrankten mit solchen Gedanken Hilfestellung leisten. Sich Klarheit verschaffen, wann er wie unterstützen kann und wann es besser ist, den Rückzieher zu machen und den Puffer aufzubauen. Wo kann man den Weg mitgehen, wo muss man ihn zumindest zeitweise verlassen? Mich selbst aus der "Gefahrenzone" nehmen.

Jeder Krankheitsfall ist anders, wenn auch Vieles typisch verläuft. Die Abläufe des Denkens und dann auch des Verhaltens zeigen schon viele Parallelen in den Krankheitsverläufen. Das habe ich durch Anlesen aber auch durch Beobachten und Erzählungen über andere Betroffene erahnen gelernt.

Die Redseligkeit, die keine Unterbrechungen erlaubt, das Entwickeln unrealistischer Geschäftsideen, der Argwohn, der die engsten Vertrauten zum Gegner mutieren lässt oder die Antriebslosigkeit und Angst in depressiven Phasen.

Es half mir und den Kindern ungemein, uns damit auch in der Theorie zu befassen, um dadurch Warnzeichen frühzeitig richtig deuten zu lernen. Unsere Kinder haben sich im Lauf der Zeit zu wahren Spezialisten entwickelt, diese sehr feinfühlig wahrzunehmen. "Papa hat vier Gartenschläuche auf einmal gekauft, geht da was los?"

Tun und unterstützen als Partner, was man kann, das ist meine Devise geworden. Aber auch auf jeden Fall selbstbewusst das "Stoppzeichen" ziehen, wo es zu viel wird, wo es mir schadet. Das sagt einem jeder. Ein allgemeiner Rat eben so, der gut klingt. Meine Interpretation dazu klingt nicht mehr so allgemeingültig. Meine bezieht sich auf die vielen kleinen täglichen Probleme, nicht nur auf das Große Etwas. Für mich bedeutet es, in den Kleinigkeiten des Alltags zu seinen eigenen Bedürfnissen zu stehen und nicht aus Mitleid oder Aufforderung der Mitmenschen oder Therapeuten seinen eigenen Standpunkt aufzugeben.

Belastende Situationen musste ich verlassen dürfen, um durchzuatmen und mir neue Power an meinen Krafttankstellen zu holen. Und ich durfte mich durch den eventuell aufkommenden Gegenwind gegen das Stopp" nicht in die Knie zwingen lassen. Denn niemand, wirklich niemand, konnte doch mein „Innenleben" und mein Kräftelevel beurteilen. So habe ich mir angewöhnt, Besserwissende mal ganz unkonventionell mit der Rückfrage zu konfrontieren:

"Wären Sie gerade in der Lage, dieses zu leisten, was Sie von mir einfordern?" Die Meisten werden sich kaum schon einmal dieser Frage ehrlich gestellt haben. Wie automatisch gilt das Therapiemuster: "Partner, bitte übernehmen!"

"Findest du es gut, ihn nicht öfter in der Reha besuchen zu fahren?" kam einmal der Vorwurf aus Bernhards Familie. Dass ich gerade selbst am Kämpfen war, vollständig alleine Beruf, Haushalt, Hund und die Fahrdienste für die Kinder zu stemmen und selber auch Luft holen musste, daran dachten die Kritiker nicht. Und dass ich diese Verschnaufpause und den Abstand von den öden vorangegangenen depressiven Wochen selber auch mal zum Tanken brauchte.

Auch musste ich lernen, mich nicht mehr kleinreden zu lassen, als mein ungutes Gefühl überwog: wie z.B. bei Ausflügen aus dem stationären Aufenthalt, die ich begleiten und Verantwortung dafür tragen sollte. Das konnte nicht gutgehen!

Irgendwo habe ich gelesen, dass es rein gar nichts bringt, für den Kranken immer alle Steine aus dem Weg zu räumen, alles für ihn abzufangen. Denn für seine Therapie ist die Krankheitseinsicht bitter nötig. Nur dann wird er bereit sein, diesen schwierigen Weg auf sich zu nehmen. In der Erkenntnis, dass er sie nicht nur sich selbst, sondern auch seiner Familie schuldig ist.

Meine Überforderung und Wut hat mich sogar in eine Situation gedrängt, in der ich dem manischen Umhang kein Mitleid mehr entgegen bringen konnte. Kurz nach der Einlieferung in der letzten heftigen Manie, noch unter Schock stehend über den hinterlassenen Scherbenhaufen. Ich wünschte dem kranken Bernhard darunter, dass er bald wieder hervorkriechen könnte, aber Mitleid? Das ging für eine kurze Zeitspanne nicht mehr, in der ich mich selbst noch zu sehr verletzt und gedemütigt fühlte ob der Rücksichtslosigkeit, mit der mir die Manie gegenüber getreten war. Das mag sehr herzlos klingen. Ich konnte noch nicht verzeihen, was sie mit uns angestellt hatte, wie sie gegen uns gearbeitet und uns angelogen hatte, mich hintergangen hatte. Die Kündigung, ein Schritt, den man normalerweise nicht ohne Rücksprache mit der Familie tätigt. Die getätigten Geschäfte, die wir und der Betreuer wieder rückabwickeln mussten. So viele Anrufe zu tätigen, Dinge zu organisieren, das alles zu einem Zeitpunkt, an dem sowieso gerade so Vieles auf mich einstürzte. Das war einfach zu viel! Später, als die allmähliche Krankheitseinsicht bei Bernhard kam, dann tat er mir unendlich leid und ich konnte Vieles nachsehen, aber in dem Moment, nein, ging nicht!

Für mein eigenes Seelenheil war es unbedingt erforderlich, all das letztendlich ehrlich zu vergeben, was krankheitsbedingt und hilflos ausgeliefert geschehen war. Ich musste, und ich versuchte das auch immer mit den Kindern so zu kommunizieren, loslassen von den negativen und hilflosen Gefühlen auf meiner Seite, um den Wiederaufbau unserer menschlichen Verbindung unvoreingenommen unterstützen zu können. Natürlich wohlwissend, dass wir achtsam bleiben mussten, die rosarote Brille für die Zukunft sollten wir Alle nicht aufsetzen, denn keiner weiß, welche Überraschungen diese clevere Krankheit noch bereithalten könnte.

Für Bernhards Entschluss, die Therapie ernsthaft durchzuziehen, war es erforderlich, dass er einsah, wie sehr er andere verletzt hatte. Vermittelte ich das Gefühl, "ach, alles halb so schlimm", woher hätte er seine Motivation für den schweren Weg nehmen können?

Ich kann nicht sagen, ob ich alles richtig gemacht habe. Ich habe sicher Fehler gemacht und frage mich oft, wie naiv ich nicht erkannt hatte, welche Lawine da in der heftigen Manie auf uns zurollte. Hatte ich etwas versäumt? Diese Zweifel werden immer bleiben. War es eine Überreaktion mir den schützenden Puffer, in welcher Form auch immer, einzufordern? War das richtig oder egoistisch?

Jede Situation fordert andere Reaktionen. Ich finde, das kann wie in unserem Fall auch heißen, sich lange Leine zu geben, zum Beispiel in Form von getrennten Wohnungen, was wir schließlich nach der heftigen Manie beschlossen haben. Als wir realisierten, dass die Krankheit oder auch die Medikamente die eigenen Bedürfnisse zu sehr beeinflusste. Wir uns freilassen mussten, um dem eigenen Wohlbefinden entsprechend zu leben. Ich meine das für beide Seiten. Absolut und entgegen den landläufigen Ansichten. Ich denke, dass auch Bernhard meinen Forderungen an einen geregelten Tagesablauf nicht mehr nachkommen möchte oder kann, jetzt wo er seinem Beruf auch krankheitsbedingt nicht mehr ausüben kann. Ich zu meiner Sicherheit und Bewältigung meiner Alltagspflichten, diesen aber brauche. Es ist wichtig diesen gegenseitigen Druck, der sich da aufbauen könnte, zu entlasten. Das hat aber nichts mit „sich als Menschen fallenlassen" zu tun. Ganz im Gegenteil. Es war durchaus therapieunterstützend, die Spannung aus den gegenseitigen Erwartungen und Ansprüchen zu nehmen. Heißt eben genau nicht, dass wir nicht mehr füreinander da sein wollen. Dass kein Kontakt mehr zu den Kindern und mir möglich sein sollte. Zu der täglichen Rücksichtnahme, die ich mir als Partner wünsche, ist Bernhard vielleicht krankheitsbedingt oft gar nicht mehr in der Lage, da er verständlicherweise sehr mit sich selbst beschäftigt ist. Genauso bedrückt es mich, wenn ich seinen Kampf mit alltäglichen Kleinigkeiten oder mit der fehlenden Motivation zu Tagesaktivitäten mit ansehen muss, er sich aber damit sehr gut arrangiert. Das muss man einfach klar so sehen und akzeptieren. Der Fußkranke muss in dem Laufstil unterwegs sein, dem ihm sein Fuß erlaubt. Das heißt nicht, dass ich nicht meinen Laufstil beibehalten darf und wir eben nicht mehr dauernd nebeneinander her laufen müssen: Der Kranke immer im Gefühl, den anderen aufzuhalten, der Gesunde im Gefühl, gebremst zu werden, wo ich doch meinen Pflichten weiter nachkommen muss. Einfach den Laufstil des Anderen akzeptieren lernen und sich freuen, dass beide sich alleine fortbewegen können. So "frei"gelassen kann es beiden Seiten recht gut gehen. Wir können uns einerseits wieder auf uns selbst besinnen und andererseits uns begegnen, wann immer wir es wünschen. Das emotionale Seil kann locker hängen, wann immer keinem die Hand vom Halten weh tut. Aber es ist immer noch da. Wir konnten es vor dem Zerreißen retten, wenn auch vielleicht durch unkonventionelle Entscheidungen, wie die Wohnungstrennung, die unser Umfeld erst mal so akzeptieren lernen musste. Es bedurfte eines langen Reifungsprozesses und Selbstbewusstseins, bis unser Umfeld das so akzeptieren konnte.

Zweifel werden immer bleiben, was ist richtig, was falsch? In den schweren Tagen wurde ich immer wieder gefragt: "Ja, was machst du denn jetzt?" Ich habe mir damals angewöhnt zu antworten, dass ich das selbst nicht wüsste. Denn so war es und so ist es noch heute. Ich hatte bisher nie eine solch besondere Lebenslage erlebt. Ich weiß nicht, wie ich mich weiter verhalten werde. Aber ich habe durch meine Erfahrungen und ganz viel Nachdenken und -fühlen gelernt, auf mich selbst zu achten. Zu unterstützen, in dem Maße, wie ich es verkrafte. Mir Dinge nicht mehr von Anderen schlecht reden zu lassen, die sie nicht wirklich nachempfinden können. Das vertrete ich jetzt unbeirrbar. Ich habe keine absichtlichen Fehler gemacht. Für die Bipo und ihre Folgen können wir nichts. Wir konnten einen gemeinsamen Weg finden, der für alle gangbar ist. Es ist schön und wir können dankbar dafür sein, dass wir ihn immer noch menschlich verbunden beschreiten können. Mit dem Seil in der Hand, wann immer es geht, ohne dass die Hände schmerzen.

15. Was eigentlich würde ich mir wünschen, wenn...

Ich glaube, ich bin die letzten Jahre nicht nur einfach körperlich mit auf Bernhards Auf-und-Ab-Weg unterwegs gewesen. Irgendwie habe ich ihn mit gelebt. Ich habe mir so oft den Kopf zerbrochen, um verstehen zu lernen, was in dem kranken Gemüt vorgeht, was es beschäftigt, wie es die Dinge berühren, was es fühlt. Nicht ganz einfach und die Frage, ob es ein Nichtbetroffener überhaupt nachvollziehen kann. Ich kann lediglich versuchen nachzuempfinden oder ihn mit Situationen zu vergleichen, die ich erlebt habe, die ich aber emotional natürlich nicht so erfassen kann.

So bin ich auf das kuriose Gedankengerüst gestoßen, was wäre, wenn mich diese Krankheit plötzlich erwischte? Wie würde ich sie erleben, was würde ich mir wünschen, wie man mit mir umginge? Welche Therapie würde ich mir vorstellen und wie würde ich meinen Alltag gestalten müssen und wollen?

Gar nicht so einfach, mich in die Krankheitsvorstellung hinein zu versetzen. Ich denke nicht, dass man sich plötzlich wirklich krank fühlt, sondern nur die Schwere, Lustlosigkeit, ich kann mich nicht mehr richtig motivieren.

Und dann die bleierne Müdigkeit, ich möchte nur noch schlafen. Ich habe das Gefühl, die Anderen können alles besser und schneller, und Dinge, die mir früher leicht von der Hand gingen, schaffe ich einfach nicht mehr, kann mich kaum konzentrieren. Ich fühle mich vielleicht minderwertig, kann das aber nicht äußern, sonst verstärkt sich dieses Gefühl noch. Also nehme ich es mit der eigentlichen Wahrheit nicht mehr so genau, damit es niemand merkt. Und wenn es ganz schlimm wird, kommen diese verdammten Angstgefühle noch dazu. Angst vor Allem, zu versagen, in meinem Beruf, in meiner Familie, ich bin den Anforderungen nicht mehr gewachsen.

Dann irgendwann bessert sich meine Gefühlslage, mein Leben wird wieder normaler, bunter. Ich könnte plötzlich Bäume ausreißen, kann nachts nicht mehr schlafen, möchte nur noch raus und dauernd etwas unternehmen. Ständig neue Ideen, wieso ist mir das nicht schon früher eingefallen, ich kann neue Dinge erfinden, neue Geschäfte entwickeln, ist doch alles so easy. Warum versteht mich nur keiner mehr und unterstützt mich bei meinen Planungen, meinen Geschäftsideen? Ach, wenn die alle nicht wollen, dann ziehe ich das alleine durch, brauche ich ja niemandem die Wahrheit zu sagen, ich schaffe das alles locker alleine. Ich brauche niemanden!!! Toll, was für ein Superkerl ich doch bin!

So ähnlich könnte sich das anfühlen, oder?

Enttäuschung einerseits, dass ich die Erwartungen Anderer an mich nicht mehr erfüllen kann. Dass ich die Leistung einfach nicht mehr erbringe. Ob die mich überhaupt noch mögen? Ich glaube nicht. Ob mein Arbeitgeber mich bald rauswerfen wird? Und meine Familie, wird die zu mir stehen? Ich wünsche mir, dass man mir mein Verhalten nicht übel nimmt, ich habe genug daran zu knabbern, dass ich mich so unnütz fühle. Ich wünsche mir, dass meine Familie und meine Kollegen mir zeigen, dass sie mich mögen und trotzdem schätzen. Ich möchte, dass sie weiter normal mit mir leben und mich nicht bedauern, denn ihr normaler Level gibt mir die Orientierung, wohin ich wieder kommen möchte.

Aber es ist mir schier unerträglich, wenn sie mich dauernd animieren wollen zu Dingen, die ich nicht leisten kann und möchte. Lasst mich damit einfach in Ruhe! Und setzt mich nicht dauernd dem Druck aus, Irgendetwas tun zu müssen. Das lässt es mir nur schlechter gehen. Helft mir medikamentös und vor allem damit, dass ihr mich spüren lasst, dass ich euch noch wichtig bin. Es gibt mir Sicherheit, wenn ich weiß, ihr kümmert euch um das, was ich gerade nicht kann.

In einer manischen Phase, die ich als supertollste Zeit empfinden mag, obwohl ihr mich alle nervt, weil ihr mich weder ausreden lasst noch meinen Gedanken folgen könnt, wäre es mein größter Wunsch, dass ihr mich gerade nicht so behandelt wie ich das gerade möchte, sondern dem rücksichtslosen Treiben schnell ein Ende setzt. Natürlich werden wir daher auf Konfrontation gehen. Ich werde mich damit körperlich nicht gut fühlen, wenn ihr meine PS herunter regelt. Aber der elende Druck immer mehr und immer mehr von allem, der wird entlastet werden. Holt mich aus dem Teufelskreis heraus, damit ich euch nicht noch mehr verletze mit meinem rücksichtslosen Verhalten, ich möchte wieder normal mit euch umgehen lernen.

Und dann nehmt mich doch bitte wieder in euern Kreis auf. Ich verstehe, wenn ihr eine Distanz braucht und auch ich brauche die Freiheit meiner Gedanken und Gefühle, die mit euren nicht mehr immer zu vereinbaren sind. Aber lasst mich spüren, dass ihr mich noch mögt, mir verzeihen könnt, was ich euch vielleicht in unwirscher Art und Weise angetan habe. Helft mir dabei, meine Therapie konsequent durchzuziehen und beobachtet bitte genau, dass ich bei meinen Medikamenten bleibe. Damit es mir weiter gut gehen wird und ich euch nie mehr so einen Scherbenhaufen antun werde. Lasst uns nach Möglichkeit einfach wieder so normal wie vor der Krankheit miteinander umgehen und schreitet ein, wenn ihr neue Veränderungen an mir bemerken solltet.

Ich glaube so etwa, würde ich es meiner Familie nahebringen, wie ich mir den Umgang mit mir selber wünschen würde in dem Fall der Fälle. Für mich wäre es insbesondere ganz schlimm, das Gefühl zu haben, vor allem meine Kinder im Stich gelassen zu haben. Es wäre mir wichtig, dass sie verstehen lernen, dass es die Krankheit war und nicht mein eigener Wille. Denn nach all dem, was passiert wäre, wünschte ich mir nichts sehnlicher, als dass sie mich noch liebhaben und respektieren könnten als der Mensch, der ich bin und nicht der Mensch, den die Krankheit zeitweise aus mir macht.

Ich glaube, wenn wir es schaffen können, den Betroffenen nach diesen Gesichtspunkten weiter zu stützen, seinen Gefühlen die Freiheit geben, die sie brauchen, dann haben wir das Beste erreicht, was wir für ihn tun können. Dadurch, dass wir wieder Entspannung und Glück empfinden können, wird auch er sich immer besser fühlen. Und wenn alles gut geht, kann auch er langsam wieder zu diesen Gefühlen zurückfinden.

16. Meine Emotionen

Mein Ziel, dass ich mir für dieses Buch gesetzt habe, war, nicht vordergründig auf die Symptomatik der bipolaren Störung einzugehen, sondern mich, als Partner, in den Mittelpunkt zu stellen. Wie geht es mir dabei, welchen Herausforderungen sehe ich mich gegenüber, welche Lösungen kann ich finden, indem ich vor allem meine Einstellungen und mein Selbstbewusstsein trainiere und stärke.

Ich möchte nicht sagen, dass sich um mich als dem gesunden Part nicht gekümmert wird...natürlich gibt es Arztgespräche, die sich aber verständlicherweise mehr um den Patienten drehen. Natürlich gibt es Informationsabende für Angehörige psychischer Patienten, Selbsthilfegruppen, Internetforen, Ratgeber für Angehörige, und, wenn die Katze erst mal aus dem Sack ist, sicher auch viele Bekannte und Freunde, die immer wieder nachfragen, "na, wie geht es, was machst du denn jetzt?" Auch habe ich mir viel angelesen, habe wertvolle Tipps und Anregungen gefunden, aber letztlich sind doch viele Ratschläge sehr allgemeiner Art. "Du musst Stoppsagen lernen, du musst was für dich selber tun. Du musst Distanz fordern, wenn es nötig ist." Alles richtig. Alles wichtig.

Jedoch, diese wertvollen Tipps halfen mir nur so viel weiter, wie ich sie zum einen umsetzen konnte. Das musste ich einfordern und durchsetzen lernen. Wie ich schon an anderer Stelle erwähnt habe. Durfte ich Distanz schaffen, wirklich? Wenn der Arzt seinen Patienten auf Heimurlaub schickt? Wenn ich weiter menschlich und geschäftlich eng verbunden war? Wenn wir in einem Haushalt zusammen lebten? Wenn wir gemeinsame Kinder haben? Distanz? Nicht so einfach.

Die Lösungs- und Hilfsansätze mussten zudem auf der Ebene stattfinden, auf der ich getroffen wurde, anders konnten sie mir nicht wirklich hilfreich sein. Wie konnte ich zur Gymnastikgruppe gehen, wenn ich Fahrdienste für die Kinder alleine stemmen musste? Wie Freiräume für mich schaffen, wenn das Betreuungsgericht gerade ein bürokratisches Monstrum seitenlanger Listen von mir einforderte?

Wenn man an Krankheit denkt, denkt man zunächst mal an etwas Akutes, wie Beinbruch, Grippe, Herzinfarkt. Etwas, das kurzfristig einer besonderen Rücksichtnahme und Pflege bedarf. Natürlich gibt es auch chronische Erkrankungen, die uns für immer begleiten, auf die man sich vielleicht aber irgendwie einstellen oder arrangieren kann. Die psychischen Störungen allerdings gehen einfach immer mit, mal schwächer, mal stärker, leben mit uns in unserem Privatleben, in der Beziehung und Kommunikation zu dem Menschen, der uns wichtig ist. Vor allem, wenn es eine sogenannte "affektive" Störung ist wie die bipolare. Das heißt, dass sie hauptsächlich auf der emotionalen und nicht der kognitiven, heißt Verstandes-, Ebene ansetzt. Die Intelligenz ist unverändert, das verstandesmäßige Seil zwischen uns verändert sich nicht. Man könnte es auf den Nenner bringen: die Inhalte unserer Gespräche ändern sich nicht vordergründig, aber wie wir sie gegenseitig anfärben, wie sie gemütsmäßig übermittelt werden. Ich habe bisher zu Bernhard „ja" gesagt, auch weil mir die Farbe unserer Kommunikation gut getan hatte. Und diese Farbe veränderte sich in unserer Beziehung, nicht gleichmäßig, sondern wellenartig. In einer langen Partnerschaft ist diese Andockstelle von Natur aus immer wieder mal angespannt und vielleicht auch so schon manchmal wackelig. Und nun kommt noch dieser Unsicherheitsfaktor dazu. Damit ist wahrlich nicht leicht umzugehen.

Vor allem fand ich eine Abgrenzung so ungemein schwierig, welche unerwartete Reaktion Bernhards entsprang einer natürlichen, vielleicht altersbedingten, welches einer emotionalen Änderung in unserer langen Ehe, welches der krankhaften Veränderung? Was war den Medikamenten zuzuordnen? Ich konnte das nie ganz abgrenzen, die Übergänge waren fließend. Genauso wenig war natürlich auch mein eigenes Seelchen stabil. Auch ich veränderte mich, lehnte Manches ab, weil ich älter wurde, andere Bedürfnisse in mir hervorkamen oder weil ich mit Bernhards neuen krankheitsbedingten Reaktionen nicht mehr klar kam? Sich eine Unzufriedenheit in mir breit machte über die veränderte Situation. Das kam auch bei Bernhard sicher an und konnte seinen Krankheitsverlauf vielleicht verstärken.

Insofern doch eine Schuldkomponente bei mir? Nein, ich ziehe mir diesen Schuh nicht an. Sicher mochte mein Verhalten nicht immer den gesellschaftlichen Erwartungen entsprochen haben, wenn ich Freiheit für mich einforderte und es mir gut gehen ließ. Aber auch ich bin ein Mensch mit veränderbaren Variablen und das steht mir zu. Auch ich habe Stärken und Schwächen in meiner Psyche, aber die hat jeder Mensch. Das Leben mit einem bipolar Erkrankten stellt so viele Forderungen, Kompromisse und Anpassungsfragen an mich, dass ich einfach nur stolz sein will, dass ich das jahrelang relativ gut hinbekam. Mit Respekt und Achtung zu reagieren, auch wenn ich vor Wut gerade platzen könnte oder vor Mitleid zergehen. Da durfte ich einfach nicht anfangen, an mir selbst zu zweifeln, wenn ich vielleicht mal nicht optimal für den Patienten reagiert habe und damit seinen Krankheitsverlauf negativ beeinflusst haben könnte. Ich bin auch nur ein Mensch und möchte das nie wieder vergessen, wenn mir mal wieder jemand diskret Vorwürfe herüber zu schieben versucht.

Da sind so viele Komponenten mit im Spiel, die man eigentlich gar nicht alle wirklich immer beachten kann. Aber ganz entscheidend: die Andockstelle wird verändert. Das, womit man in Verbindung tritt. Das, worauf man beim Anderen reagiert. Die Vertrauensbasis, also da, wo ich mich bis dahin habe fallen lassen können, wusste, ich werde getragen, man mag mich, mir wird geholfen, wenn es mir mal schlecht geht, ich kann mich verlassen, wir meistern unsere Aufgaben gemeinsam. Und genau diese Aspekte in meinem Leben gerieten ins Wanken, immer dann wenn diese Verbindung sich veränderte.

In normalen Zeiten blieb doch die Unsicherheit, ob ich es nur gerade nicht merkte oder was in Kürze auf uns zukommen könnte. Ich konnte mir nicht mehr immer der Verlässlichkeit meines Partners sicher sein, seiner Hilfe an mich, seinem Vertrauen in mich, seiner Zuneigung zu mir.

Das konnte alles phasenweise wieder da sein, aber ich war mir einfach nicht mehr sicher. Aus dem selbstverständlichen „wir" wurde ab und an unbemerkt ein "ich und du", je nachdem wie unser Seil noch funktionierte. Ich wurde plötzlich in Vielem auf mich selbst gestellt, das Vertrauen wurde in Frage gestellt, die Zuneigung vielleicht auch nur einfach, weil sie nicht mehr so kommuniziert werden konnte wie früher. Wo war Bernhards Lächeln für mich geblieben? Das heißt nicht, dass sie nicht mehr da war. Sicher nicht. Natürlich hat er mich in guten Phasen auch mal spontan zum Abendessen ausgeführt. Oder wir hatten mit den Kindern fröhliche Spieleabende. Aber die Zuwendung war vielleicht nicht mehr rosarot, sondern nur noch blassrosa. Bitte nicht vergessen, Bernhard konnte genauso wenig wie ich etwas für diese Dinge, es war diese Krankheit, die unser Gemüt in die Zange nahm.

Die Basis des Miteinanders begann zeitweise zu Schaukeln, ohne dass sie einer von uns beiden angestoßen hätte. Das konnte beängstigend sein, als der Grund dafür noch nicht klar war. „Ich war es nicht", dachten beide. Also wenn ich es nicht war, muss es doch der Andere gewesen sein. „Du bist schuld!" Die ersten Vorwürfe kamen auf. Zu Unrecht, denn objektiv gesehen, war es keiner, sondern die affektive Unordnung. Und so konnte sich das zuweilen hochschaukeln. Man fühlte sich beleidigt, weil der Andere nicht so reagierte, wie man es bisher gewohnt war oder man es nicht mehr so wahrnehmen konnte. Wenn dann noch die depressive oder manische Verschleierung dazu kam, „warum behandelt die mich so mies, wenn es mir sowieso schon schlecht geht", oder „was soll ich auf die hören, ich mache sowieso was ich will", dann wurde es schwierig, das Vertrauen nicht zu verlieren. So viele Missverständnisse entstanden einfach aus Unverständnis darüber, was unsere Emotionen verfärbte. So ein Mist, warum musste das so sein? So schade!

Was konnte ich dagegensetzen, wenn ich die Ursache nicht ausreichend bekämpfen konnte? Die bipolare Störung ist nicht heilbar, wenn auch gut therapierbar. Es kann unter guter medikamentöser und therapeutischer Begleitung gut laufen. Die Medizin kann manche extreme Phase verhindern oder abschwächen. Auf Kosten der notwendigen Medikamente, die natürlich auch ihre Nebenwirkungen haben können. Sie verhindern im besten Fall die Ausschläge nach oben und unten, was uns ermöglicht, unsere Verbindungsstelle wieder auf Augenhöhe zu halten.

Aber sie kann sich durch die ausgleichende, ich sage mal, neutralisierende Wirkung auch verwässern.

Man hört oft von den Patienten, die sich zwar stabiler, aber durchaus auch neutraler fühlen. Nicht mehr so intensiv empfinden können. Auch daran musste ich mich gewöhnen und damit umzugehen lernen. Wir waren dem Umhang nicht mehr ausgesetzt, aber dafür einer gewissen medikamentenbedingten Neutralität, die Empfindungen abschwächen und gleichgültiger werden lassen. "Papa interessiert sich überhaupt nicht mehr dafür, was in meinem Studium so abgeht und erzählt mir nur noch von seiner Tagesklinik. Das interessiert mich aber nicht!"

Solche Veränderungen sollten wir nicht auf uns persönlich beziehen. Dass Bernhard uns weniger schätzte, nur weil er das nicht mehr so intensiv empfinden konnte und auch seine Reaktionen uns gegenüber abgeschwächt wurden. Ich durfte nicht denken, dass vielleicht Probleme, die mich beschäftigten und für die ich eine Lösung finden musste, nicht weniger wichtig Bernhard waren, nur weil er sagte: "ist doch alles egal, reg dich nicht auf, lass es ruhig angehen". Mein Empfinden forderte ein baldiges Angehen dieser Lösung, seine Medikamente sagten ihm "bleib cool". Ich darf mich nicht ärgern, sondern Ursache verstehen, akzeptieren, damit umgehen lernen, vielleicht eben wieder übernehmen.

Dazu gehört, dass ich lerne, meinen Frieden mit den Veränderungen zu machen. Nach den durchlebten Phasen der Wut, Hilflosigkeit und Mitleid musste auch ich für mich lernen, diese irgendwie zu ebnen. Das, was bei dem Patienten die Medikamente vielleicht bewirken. So musste ich meinem Seelchen versuchen, die Akzeptanz der Situation wieder herzustellen. In einer Form, die für uns alle dann auch gangbar war in Äußerlichkeit. Frieden heißt, dass es mich nicht mehr aus dem Gleichgewicht bringen darf, wenn Bernhard nach oben oder unten ausschlägt. Dafür musste ich mir die räumliche oder gedankliche Distanz in Form eines Puffers schaffen. Räumliche Trennung oder "emotionale" Trennung, ich musste lernen, unsere Verbindungsstelle emotional abschalten zu lernen. Es durfte mich nicht mehr berühren, wenn es mit dem Gemüt in den Keller oder mit der Manie gegen mich ging. Ich durfte es nicht mehr als Aktion gegen mich sehen, sondern muss es objektiv neutral einschätzen.

Das mag sehr herzlos klingen. Ich kann doch Gefühle nicht einfach aus- und einschalten? Doch genau darauf muss es irgendwie herauslaufen in dem Moment, in dem die Gefühle nicht mehr dem mir verbundenen Partner zuzuordnen sind, sondern der Krankheit. Nicht abschalten, aber Quarantäne, bis die Symptomatik sich wieder relativ stabilisiert. Frieden! Alles ok, es darf mein Seelchen nicht mehr aus der Bahn werfen!

Als Weiteres musste ich vergeben lernen. Einfach "nur" in meinem Innersten vergeben, meinem Partner, der für die Eskapaden seiner Krankheit nichts konnte. Nicht nachtragen, was die Manie mir vorgeworfen haben mag. Was sie mir an den Kopf geworfen hatte, Vorwürfe, Frechheiten. "Du hast mich jahrelang unterdrückt!" Das ist gar nicht so leicht, Sie werden mir zustimmen. Aber es bringt nichts, dies immer weiter mit sich zu schleppen. Es bringt nur immer wieder diese negativen Gefühle in mein eigenes Leben, lässt es mir schlecht gehen. Alles, was die Krankheit angestellt hat, weg aus meinem Kopf und Herz. Vergessen werde ich es nicht, aber es darf mich nicht mehr belasten.

Auch wenn ich es schaffe, eine mögliche Akzeptanz und Friedenmachen mit den Gegebenheiten in mein Leben zu bringen, so werden mich doch immer wieder belastende Situationen erwischen. Wo doch wieder negative Gefühle in mir hochkommen, alles andere wäre unrealistisch. Und dann brauche ich meine Krafttankstellen, Alltagsengel,

Entspannungsübungen, mein stilles Kämmerlein oder was immer individuell für mich diese Rolle übernehmen kann. Das, was pauschal "du musst etwas für dich tun" genannt wird. Das kann für jeden etwas Anderes sein, aber die Betonung liegt auf "für dich" also "für mich". Etwas oder eine Zeit, die mir alleine gehört. In der ich nur für mich da bin, eine Zeit, in der ich keine Kompromisse eingehen muss, um eine Situation zu retten. Die Konzentration nur auf meinen Körper und mein Seelchen, um Dinge aus dem Rucksack zu nehmen, die in belastenden Situationen da hineingestopft wurden. Er muss geleert werden, mein Seelchen befreit werden. Müllabfuhrtermin für mein Gemüt. Das können auch ganz kurze Momente sein im Alltag, eine Kurzmeditation, ein paar Minuten Füße hochlegen, frische Luft, eine Gymnastikstunde. Jeder Mensch hat hier für sich eigene Möglichkeiten. So viel mehr an Belastung wir durch den Umgang mit der kranken Seele aufnehmen, so viel mehr Entlastung müssen wir auch wieder abgeben können, um unsere innere Balance aufrecht zu erhalten. Das muss einfach sein, alles andere ist ein sich Aufgeben und Aufopfern, das auf Dauer nicht funktionieren kann. Dann werde ich in Schräglage geraten und sobald ich meine Kräfte nicht erneuern kann, werde ich aufgeben müssen und aus der Situation flüchten.

Ich spreche nicht davon, dass ich, wenn ich mich überfordert fühle, nicht auf Distanz gehen kann, wie zum Beispiel in Form von unserem nun getrennten Wohnen. Ich spreche davon, dass ich Bernhard weiter eng und vertraut verbunden bleiben kann, wenn ich mich selbst immer wieder auftanke.

Wir sehen uns regelmäßig, wann immer wir wollen, er kommt zum Essen, haben schöne Zeiten mit unseren Kindern, wenn sie vom Studium mal zu Hause sind, er mäht mir nun spontan mal den Rasen, wenn es seine körperliche Verfassung zulässt, ich erledige noch sehr viel Bürokratie für ihn, er betreut meine Handwerker, wir gehen aus zum Essen zusammen, ich gieße seine Blumen, wenn er mal nicht zu Hause ist. All solche Kleinigkeiten, in denen man sich im Alltag gegenseitig vertrauend unterstützen kann und auch spontan gute und auch durchaus spaßige Zeiten miteinander verbringt, auch viel gelacht wird, vor allem, wenn die Kinder dabei sind. So kann es gehen.

Ich möchte Ihnen Mut machen, Ihre persönliche Verbindungsstelle für Sie passend auszurüsten. Wir konnten unsere so gestalten und stärken, sodass sie nicht zerreißen musste. Sehr viele bipolare Ehen und Partnerschaften „scheitern". Eben weil man es nicht schafft, da anzusetzen. Auch wenn man in vielen Fällen zeitweise auf Distanz gehen muss oder den Puffer braucht, heißt das noch lange nicht, dass man sich gegenseitig als Mensch aufgeben muss. Es gibt die Möglichkeit es anders zu machen!

Frieden und Vergeben und Entlasten. Und dann aufbauen, welchen gemeinsamen weiteren Weg kann ich verkraften? Wo müssen wir uns loslassen und uns freilassen? Wo können wir weiter zusammen unterwegs sein? Wo tut es uns gut, weiter zusammen unterwegs zu sein? Wo ist mehr Freiheit von Nöten? Damit jeder seine Gemütslage so leben kann, wie es sein jeweiliger Zustand zulässt und einfordert. Ohne uns zu sehr einzuengen. Ohne ein Gefühl der Unterlegenheit oder Dominanz aufkommen zu lassen. Ich meine das für beide Seiten, absolut! Wie weit kann ich entgegenkommen, wie weit muss ich auf mich selbst aufpassen, wie weit will der Kranke mein Entgegenkommen überhaupt?

„Nicht der Wind,
sondern das Segel bestimmt die Richtung."
Chinesisches Sprichwort

17. Aus- und Lichtblicke

Was wird die Zukunft bringen, wie wird es weitergehen? Zu unvorhersehbar in Ablauf und Ausprägung ist unsere Bipo. Wir als Beteiligte sind nicht berechenbar, das Ansprechen auf die Medikamente ist nicht sicher, die Fortführungsbereitschaft der Therapie auf Bernhards Seite ist nicht kalkulierbar. Ganz viele Fragezeichen stehen somit vor unserem Weg. Aber wir sind jetzt besser vorbereitet auf Schwierigkeiten und mit innerer Stärke lasse ich mich nicht mehr so leicht k.o. schlagen von ihr. Ich wage mich ihr mutiger in den Weg stellen, denn ich kenne nun ihre Taktik. Wir haben aus eigenen und fremden Erfahrungen gelernt, uns gut gerüstet und Vorkehrungen getroffen für schwierige Phasen: Betreuung, Ehevertrag und die selbstbewusste Einstellung gegenüber allen Außenstehenden und der Krankheit selbst. Anfängliche Lähmung durch negative Erfahrungen konnten wir in vielen Bereichen in entschlossenes Entgegenstellen ummünzen lernen.

"Willst du ihm nicht noch einmal ein Chance geben?" fragte mich vor kurzem eine gute Freundin, die unsere Situation eigentlich sehr gut einschätzen können sollte, in Bezug auf unser nun getrenntes Wohnen. Wie missverstanden hat auch sie unsere inneren Angelegenheiten durch Äußerlichkeiten! Meinem Gefühl nach habe ich nie aufgehört ihm eine "Chance zu geben"! Gerade weil mir Bernhard weiter wichtig war, stand ich weiter zu ihm und ermöglichte ihm und mir ein menschlich vertrautes harmonisches Miteinander, welches unter einem permanenten Dach wahrscheinlich nicht so harmonisch mehr verlaufen könnte. So konnten wir mehr menschliche Nähe erhalten, als wenn wir unter Vorbehalten und ungutem Gefühl zusammenwohnten. Ich habe schon von Paaren gehört, die von psychischen Erkrankungen betroffen es ähnlich handhaben und denen es durchaus gut geht dabei.

Soll das "Stopp" mich eben zur "Buhfrau" oder dem "Hammer" mutieren lassen. Es musste mir gleichgültig werden. Meine Entscheidungen kann ich nur mit mir selbst ausmachen, geleitet von meinem Gewissen und meinen mir zur Verfügung stehenden Kräften. Mit Kräften meine ich nicht nur die, die ich habe, um die Situation zu ertragen, sondern auch die Kräfte, die ich brauche, das nach außen durchzusetzen, was mein inneres Seelchen braucht. Was für mich erforderlich ist.

Die ersteren Kräfte, ich nenne sie jetzt mal die passiven, kann ich mit meinen Alltagsengeln stärken, auftanken. Die zweiten aktiven Kräfte, die es durchsetzen, habe ich mir im Verlauf der Zeit antrainieren können. Das Trainingsprogramm bestand in ganz viel Nachdenken, in mich Hineinfühlen, Analysieren, Beobachten, Entscheidungen treffen und Dazustehen. Immer mal einen Schritt zurück zu treten und die Vorgänge aus einer gewissen Distanz zu beleuchten und zu hinterfragen. Sie auf das Wesentliche zu reduzieren und mit diesem Ansatz eine Lösung zu finden: Wenn in mir Angst aufkommt, dann nutzt es nichts, wenn mir ein Arzt sagt, "Sie haben nichts zu erwarten." Er kann sich täuschen. Denn meine Angst kommt intuitiv hoch, wenn ich sensibler fühlen kann als der Arzt, dass etwas schief läuft und aus der Kontrolle geraten könnte. Er analysiert nach seinem Fachwissen und seiner Erfahrung, ich als Partner fühle es, das macht den entscheidenden Unterschied.

Ich muss meinen Notpuffer anfordern dürfen, wenn ich merke, dass ich ihn brauche. Meine aktiven Kräfte sind in der Zwischenzeit sehr gut trainiert. Sie arbeiten nicht nur einfach kraftvoll in Form eines sturen Kopfes, sondern innerhalb unserer Familie in einer einvernehmlichen Art und Weise, dass wir alle Vorteile daraus ziehen können. Dass keiner das Gefühl haben muss, übervorteilt worden zu sein, sondern dass uns die neu gewonnene Freiheit allen gut tut und wir weiter menschlich fair miteinander umgehen.

Diese "aktiven" Kräfte, die wünsche ich jedem, der mit dieser psychischen Störung in Berührung kommt. Als Partner oder als Angehöriger. Sie sind entscheidend dafür, wie man für sich selbst den Weg aufbereitet. Der Rechen, der ihn glättet, damit man nicht über die Steine, die darauf immer mal auftauchen können, ins Stolpern gerät.

Voraussetzungen von Seiten des Erkrankten, gut darauf voran zu kommen, können unter anderem sein: Die motivierende klare Krankheitseinsicht, um die Behandlung ernsthaft durchzuhalten und den Weisungen der Ärzte standhaft zu folgen. Mit dem Verständnis, dass die regelmäßige Einnahme der Medikamente die wichtigste Voraussetzung für einen stabilen Weg ist. Hierbei kann ich immer wieder unterstützen.

Wenn erforderlich, eine möglichst einfühlsame Betreuung, die nicht das Gefühl der Bevormundung, sondern der gefühlvollen Hilfe in den Vordergrund stellt. Ein verständnisvolles soziales Umfeld, das die Erkrankung als solche akzeptiert und begleitet, ohne Vorbehalte und Ausgrenzung. Den Menschen weiter als Freund und Mensch respektiert und ernst nimmt. Offen für neue Ideen. Und ein gutes ärztliches Sicherheitsnetz, die Gewissheit, dass man in schwierigen Situationen unbürokratisch Hilfe findet bei den vertrauten Ärzten und Stationen. Dass im Krisenfall immer jemand für einen da ist. Das ist auch für mich als begleitende Person so enorm wichtig. Es tut gut zu wissen, dass das Netz gespannt ist, auch wenn wir hoffentlich nie wieder hineinspringen müssen.

Vieles unserer Reaktionen auf die Bipo mögen anders gewesen sein, sehr unüblich, gewöhnungsbedürftig. Eben an unsere persönlichen Erfordernisse und Bedürfnisse angepasst. Ich bin froh darüber, dass erst ich alleine, dann wir aber gemeinsam es bisher so geschafft haben in dieser "neuen Art" zu reagieren. Und den Kritiken so gut standgehalten haben. Ich werde meine aktiven Kräfte weiter gut trainieren! Tun Sie es auch, es wird Ihnen gut tun!

"Wege entstehen dadurch,
dass wir sie gehen."
Franz Kafka

18. Scheiterer?

Es ist hinreichend bekannt, dass Beziehungen bipolar Erkrankter häufig über kurz oder lang scheitern. So wie die Erkrankung auch ansonsten „einsam" machen kann, wenn manische Phasen zu unwirsch umgehen mit den Mitmenschen.. "Scheitern" klingt theatralisch, schicksalhaft. Etwas das Klatschbasen gerne erzählen. "Habt ihr schon gehört...?" Ich möchte von einem "Scheitern" bei einer bipolaren Störung eigentlich nur in den seltenen Fällen sprechen, wo man sich der Bipo geschlagen gibt, nichts mehr entgegenzusetzen hat, keinen Zugang mehr zueinander findet, gekränkt, entnervt das Weite sucht.

Auf beiden Seiten wohlgemerkt. Es muss nicht immer der gesunde Part Reißaus nehmen. Es kann durchaus auch der Fall eintreten, dass der Erkrankte andere Maßstäbe in sein Leben bringt, andere Anforderungen stellt, mehr Freiraum braucht, um seine neue Gefühlswelt entsprechend ausleben zu können. Sich nicht mehr bevormundet fühlen möchte. Freiheit für seine Hochphasen braucht oder einfach keine Verantwortung mehr für Andere übernehmen möchte oder kann.

Die Krankheit verändert jede Beziehung, keine Frage. Alles andere wäre rosarote Brille. Die schwächeren Anfangszeiten werden die meisten noch relativ "locker" wegstecken können, aber wenn es in heftigeren Phasen ans "Eingemachte" geht, wird beiden Seiten sehr viel an Verständnis und Toleranz abverlangt. Und nicht jede Beziehung ist stark genug dafür, nicht jeder Mensch hat diese Stärke oder die Möglichkeit sich in der nötigen Distanz zeitweilig in Sicherheit zu bringen. Und vor allem, wenn Angst mit ins Spiel kommt, dann kann es erforderlich und sinnvoll werden, sich räumlich zu trennen. Das heißt für mich aber noch lange nicht, dass etwas gescheitert ist. Das heißt, dass man sich eine neue Lebensform sucht, die besser zu den veränderten Bedingungen passt. Die beiden den nötigen Freiraum eröffnet.

Die bipolare Störung verabschiedet sich zeitweilig von sehr vielen Normen. Ich finde den Gedanken sehr nett, dass es früher einige bipolare Künstler, Wissenschaftler usw. gab, die der Nachwelt wahre Meisterleistungen aus manischen Höhenflügen hinterlassen haben, man denke etwa an Vincent van Gogh, Ernest Hemingway oder Robert Schumann. Dass das heute mit Beruf und bipolarer Störung immer häufiger nicht mehr funktioniert, hat den Grund, dass man dauerhaft gleichmäßig funktionieren muss. Da steckt sehr viel Wahres drin. Heutzutage könnten viele der früheren Genies aufgrund des gesellschaftlichen Druckes diese Höchstleistungen vielleicht gar nicht mehr erbringen, weil sie vorher wegen ungleichmäßiger Leistungsfähigkeit schon verrentet oder medikamentös „neutralisiert" wären. Was die Manien natürlich außerhalb der genialen Leistungen damals mit ihrer Umwelt und den Meistern selbst angestellt haben mögen, das mag in Vergessenheit geraten sein...

Und so denke ich, dass auch das Bild von Ehe oder Partnerschaft mit dieser Norm behaftet ist. Dauerhaft gleichmäßig glücklich sein, zusammen "funktionieren". Wer sagt das eigentlich, dass das so sein muss? Heißt das, wenn man sich aus Vernunft freilässt, dass dann die Partnerschaft „gescheitert" ist? Meiner Meinung nach nicht. Die Norm der Partnerschaft mag nicht mehr stimmen. Aber der Respekt, die Zuneigung, das Vertrauen zu dem Menschen, das kann gerade noch sehr intensiv da sein, auch wenn man diesen Schritt tut. Das ist das, was in unserem Fall sogar den Ärzten Bauchschmerzen bereitet hatte, weil ich nach gesellschaftlichen Normen Bernhard lieblos hatte fallen lassen.

Könnten wir in Bezug auf unsere festgefahrenen Normen nicht unsere Einstellungen als Gesellschaft ein bisschen modifizieren? Dahingehend, dass eine Beziehung vielleicht gerade nicht als gescheitert gilt, wenn man es aus Extremphasen schafft, für beide einen einvernehmlichen Weg zu finden, der allen die Freiheit gibt, die man braucht, um weiter für den anderen da zu sein, um weiter vertrauensvoll miteinander umzugehen, das Gefühl der Einengung zu vermeiden.

Für mich persönlich bedeutete es einen ungemeinen Erfolg, dass wir die menschliche Nähe erhalten konnten, nachdem der Umhang sehr viele Keile zwischen uns als Partner und Familie geworfen hatte. Das ist für mich das Maß, an dem ich meine Beziehung messen lassen möchte. Nicht ob unsere Norm uns als gescheitertes Paar ansieht, man als "getrennt lebend" tituliert wird. Ob ich es schaffen konnte, Frieden mit all dem zu machen, was mich herausgefordert hat. Mit Bernhard, der mir in "Verkleidung" schlaflose Nächte bereitet hatte, weiter respektvoll umgehen kann. Über dessen Besuch ich mich freue. Von dem ich weiß, ich kann mich weiter auf ihn verlassen, in dem Maße wie seine Krankheit es ihm erlaubt. Ich möchte in dieser Richtung einfach mal das Getratsche in Frage stellen, dem man sich als "psychisch erkranktes Paar" immer wieder ausgesetzt fühlt. "Ja, sie hat ihn vor die Tür gesetzt, aber ich hab sie doch zusammen ausgehen sehen?" Tja, soll vorkommen. Wir haben den „Normbereich" verlassen. Seitdem wir lernten, mit der Bipo umzugehen, ihre Tücken nun kennen, konnten wir ihr viel Wind aus den Segeln nehmen!

"Erst muss man wissen,
was man tun will,
dann muss man den Mut haben,
es zu sagen,
und anschließend die Tatkraft,
es zu tun."
Georges Benjamin Clemenceau

19. Meine moralische Rolle als Nächste

Bekannte erzählten mir von Freunden, bei denen die Ehefrau regelmäßig während psychischer Ausnahmezeiten körperlich attackiert wird und dies aus ehelicher Treue über sich ergehen lässt. Sie zu Ihrem Mann "steht" in guten wie in schlechten Tagen. So eine Aufopferung und Selbstaufgabe kann ja nun wirklich nicht sinnvoll sein, wem bitte hilft es, dass sie sich dermaßen einer Krankheit unterwirft? Denn ihr Ehemann würde sie in gesundem Zustand sicher nicht schlagen! Auf diese Weise wird sie dem Kranken niemals eine Leitschnur für das Normale darstellen können und ihm damit die Orientierung geben, die er braucht. Ihr Verhalten halte ich für eine Krankheitseinsicht als kontraproduktiv an. Für ihn wird sein Verhalten zur Normalität. Kein Verständnis dafür entwickeln, dass die Störung ihn zu unrechten Dingen treibt. Um den Ernst seiner Therapie einstufen zu lernen. Für ihn muss sich ohne das "Halt!" der Ehefrau doch alles richtig und gut anfühlen. Der manische Umhang jedenfalls gibt ihm das so zu verstehen. Wo soll dann die Einsicht herkommen, dass es der Umhang gar nicht gut mit ihm selbst und seiner Partnerin meint? Im Gegenteil wird sie selbst irgendwann psychische Auffälligkeiten entwickeln. Außerdem besteht mit Sicherheit auch die Gefahr, dass es den Ehemann gefühlsmäßig noch mehr herunter ziehen kann, wenn er in Normalzeiten vielleicht zu erahnen beginnt, was er seiner Frau angetan hat! Das kann ihn doch niemals stabilisieren helfen! Selbstaufgabe bringt uns nicht weiter. Weder mich selbst, noch den Erkrankten, noch die Therapeuten.

Ich meine, dass ich als Partner vielmehr auch gefordert bin, aktiv Verantwortung für bestimmte Situationen zu übernehmen. Als der Mensch, der dem Mitgenommenen am Nächsten steht, habe ich automatisch viele moralische Pflichten der Einflussnahme, denen ich mich nach meinen Möglichkeiten auch stellen sollte, um den Krankheitsverlauf positiv zu beeinflussen.

Hiermit meine ich sicher nicht die brave und kritiklose Annahme von Pflichten, die mir von Außenstehenden aufgedrückt werden sollten. Hier musste ich Einhalt gebieten und dies auch durchsetzen.

Ich meine vielmehr die moralischen Pflichten oder ich sage mal, das, was mir moralisch als Mensch wichtig sein sollte. Dass ich die Rolle, die ich in Bernhards Leben spiele, dafür einsetze, ihm zu helfen. Wie meine ich das? Ich spreche hier zum Beispiel von Vertrauen. Dass wir wissen, dass wir uns aufeinander verlassen können, dass der Andere einem "gut" will und nicht "böse". Obgleich dieses von der Bipo sicher zeitweise und in Phasen, in denen es eigentlich gebraucht wird, ordentlich in Beschuss genommen werden kann.

Aber genau hier gilt es für mich anzusetzen: Es gab Situationen, in denen dieses "Urvertrauen" doch immer mal noch ein bisschen durch den Umhang durchkam und ich positiven Einfluss nehmen konnte, wenn Bernhard ansonsten „dicht" machte. Hier war ich gefragt und hatte eine Verantwortung, die kein anderer so wie ich ausfüllen konnte.

Zum Beispiel bei der fehlenden Krankheitseinsicht während der heftigen Manie. Ich konnte durch Einfühlungsvermögen schließlich eine Möglichkeit finden, Bernhard freiwillig in die Psychiatrie zu geleiten. Konsequent, weil sich der manische Umhang normalerweise von keinem reinreden lässt. Der Mensch darunter vielleicht kurzzeitige Einsicht zeigen mochte, der Umhang aber schon bald wieder dagegen wetterte. "Ich werde mich doch nicht von jemandem bevormunden lassen, ich mache, was ich will!" Ich habe nicht aufgegeben. Ich, der ich Bernhard am besten kannte, wusste, was ihm wichtig war, wo ich ihn doch für meine Gedanken zugänglich machen konnte, mit viel List und Tücke und - wie gesagt - konsequent.

Jeder, der solch eine Situation erlebt hat, wird mir Recht geben, dass dies in der Regel alles andere als leicht ist. Große Phantasie und Durchhaltevermögen ist von mir gefragt, nicht vergessend, dass ich vielleicht die einzige bin, die die Zwangseinweisung, eine fürchterlich belastende Situation, verhindern kann. Es war meine verdammte Pflicht für Bernhard hier zu tun, was in meiner Macht stand.

Oder als Bernhard sich nach Aufnahme in die Psychiatrie zunächst einer ärztlichen Behandlung widersetzte. Auch hier hatte ich die Vermittlerrolle, in der meine Beziehung die kranke Seele aus der Reserve holen konnte. Ihm zu vermitteln, dass die Ärzte ihm helfen werden. Er sich ihnen vertrauensvoll öffnen könnte. Ihm das Gefühl geben, dass wir seine Behandlung kritisch überwachten, wenn er sediert nicht dazu in der Lage wäre. Ihn gefühlvoll in die Hände der Therapeuten leiten.

In der Depression war mein Einfluss auf Bernhard vielleicht darauf beschränkt, einige schöne Gedanken in seinen grauen Alltag zu mischen. Ihn an Dinge zu erinnern, die uns in unserem Leben Freude bereitet haben. Ich kannte die Dinge, die ihm einen kleinen Lichtblick in dem vielen Grau bedeuten könnten. "Wollen wir mal wieder zu unserem Lieblingschinesen gehen?"

Ich durfte mich diesen moralischen Pflichten nicht entziehen, solange ich sie erfüllen und insoweit ich noch irgendeinen Zugang zu Bernhard finden konnte und sei er noch so klein. Und heute noch kann ich auch bei getrenntem Wohnen vielleicht am ehesten spüren, ob etwas sich krankhaft zu verändern beginnt, ob er alleine mit seinem Alltag klar kommt oder irgendwo Unterstützung braucht. Ob ich seine Therapeuten vielleicht mal über unklare Verhaltensveränderungen informieren müsste?

Ich denke, dass ich hart an dieser Vertrauensbasis gearbeitet habe. Damit nicht "aus Versehen" oder Unverständnis der wirklichen Lage viel davon zerstört wurde. Hieß für mich, unnützen Streitereien aus dem Weg zu gehen. Wo man von vorne herein wusste, dass nichts dabei herauskommt, weil die Ursachen krankheitsbedingt und nicht veränderbar sind. Wie z.B. unsere "Sperrmüllkämpfe" oder Aufforderung zu Haushaltsmithilfe in einer tiefen Depression. Es ist kontraproduktiv für solche Dinge die Vertrauensbasis weiter zu erschüttern. Es bringt nichts, sich gegenseitig mit Vorwürfen zu überschütten, für Vorgänge, die von dem Partner nicht anders gelebt werden können. Die sich für ihn richtig und normal anfühlen, die eben nur von der Bipo anders angemalt worden sind. "Kannst du mich nicht etwas freundlicher behandeln?" Nein ging eben gerade nicht in der Morgendepression.

Was ruft Kritik an meinem Verhalten in mir hervor, das ich für richtig halte? Fragen Sie sich das doch einfach mal selbst! Ich werde sie als falsch ablehnen, vielleicht ärgerlich werden und mich abwenden. Aber ganz bestimmt nicht mein Verhalten ändern, oder? Und wieder ein bisschen Vertrauen geht verloren... Das ist doch nur logisch so. Ich musste mir klar machen, dass die Gemütslage, die ich manchmal nicht mehr nachvollziehen konnte, sich für Bernhard aber total richtig oder zumindest nicht änderbar anfühlte. Ich musste aufhören, an Punkten die Nerven über zu strapazieren, wo es nicht weiterhelfen konnte. Stattdessen, wo ich nicht mehr alleine damit fertig werden konnte, mir andere Hilfe ins Boot holen. Meine Krafttankstelle oder jemanden, der mich unterstützte.

Der respektvolle Umgang miteinander, egal in welch schwieriger Situation, ist die unabdingbare Voraussetzung dafür, die Vertrauensbasis zu erhalten. Die andere Seite muss wissen, dass ich sie nicht belüge. Sie muss wissen, dass ich ihr "gut" will. Sie muss wissen, dass ich andere Ansichten, die ich vielleicht nicht teilen kann, doch respektiere als die, die der andere für richtig hält. Die vielleicht verändert werden durch krankhafte Prozesse, deswegen sich aber trotzdem für den Anderen als richtig anfühlen und von mir nicht einfach respektlos abzulehnen sind. "Wie kommt er zu dieser Ansicht?" ist besser als "wie blöd ist das denn?"

Sicher wird man nicht in jeder Situation so gefühlvoll mit dem Alltag umgehen können. Aber ich denke auch hier, kann dieses Vorgehen eine Richtschnur sein. Wir konnten sicher auf diese Weise Vieles erhalten und festigen, was ansonsten zerstört worden wäre. Der Mensch war immer noch der, mit dem ich bisher gerne unterwegs war. Und nur wegen dieses blöden zeitweiligen Umhanges wollte ich diese Vertrauensbasis nicht preisgeben. Auch wenn man sicher nicht schadlos aus allen Krankheitsepisoden heraus kommen mag. Auch wenn man vielleicht mehr Distanz für das eigene Gemüt braucht. Auch wenn räumliche Trennung besser sein kann. Das Vertrauen zueinander muss darunter nicht leiden. Auch wenn das die Außenstehenden anders sehen mögen. Wichtig ist, was und wie wir fühlen und was uns am besten tut. Es lohnt sich sicher, dafür zu kämpfen.

20. Loslöser

Die bipolare Störung hat unser Leben verändert. Die Veränderung ist präsent und wird unseren Weg immer mitgehen. Belastende Situationen, mit denen ich mich arrangieren lernen musste. Darunter auch Dinge, an denen ich primär nicht viel ändern konnte. Wo kann ich reagieren, um die Lage zu verbessern, wo muss ich akzeptieren, dass die Dinge halt einfach so sind, wo kann ich mitgehen, wo muss ich mich zurückziehen, wo brauche ich meine Puffer und Rückzugsräume?

Um wieder den Vergleich mit dem Fußkranken zu ziehen: Ich kann meinen Arm zur Unterstützung anbieten, ich kann langsamer laufen, aber ich kann das Humpeln nicht verhindern. Also brauche ich den Kranken auch nicht aufzufordern, dass er nicht humpeln soll. Ist zwecklos.

Wenn es mich jedoch irgendwann zu sehr belastet, dem Humpelnden in seiner Qual zusehen zu müssen oder mir der Rücken zu sehr schmerzt, weil ich ihn stützen muss, dann muss ich für mich selbst lernen, mich zumindest zeitweise aus den belastenden Situationen auszuklinken. Nicht auf Kosten des Humpelnden, ich muss ihn nicht hilflos alleine lassen deswegen, aber vielleicht zeitweilig andere Hilfen in sein Leben holen. Ich kann nicht alles alleine leisten. Auch ich bin ein Mensch, der auf seinen Rücken achten muss. In unserem Fall, dass mein eigenes Seelchen nicht zu viel Schaden nimmt. Wie kann das nun im Alltag aussehen?

Ich denke, dass alles, was ich mir in belastenden Situationen selbst schenken muss, unter dem Begriff "Lösen" unterzubringen ist.

"Lösen", also doch Flucht ergreifen? Nein, das muss es noch lange nicht heißen. Lösen heißt für mich, Abstand zu gewinnen aus Umständen, die mir zu viel werden. In welcher Beziehung auch immer. Kann ich dem Humpelnden nicht mehr zusehen, dann muss ich ein Stück voraus oder zurücklaufen. Mir einen Freiraum schaffen, der mich eine Zeitlang Abstand gewinnen lässt. Das heißt nicht, dass ich nicht mehr auf dem Weg weiter mitgehe. Aber ich muss Möglichkeiten für mich finden, meine Gedanken wieder zu mir zurückkehren zu lassen.

Die bipolare Störung, so belastend sie in manchen Phasen werden kann, darf nicht mein ganzes Leben bestimmen, mein Ganzes Ich für sich einnehmen. Das ist in schwierigen Situationen leicht gesagt, aber noch lange nicht so einfach zu verwirklichen, dessen bin ich mir sehr bewusst. Es gibt Momente, in denen sie mich einfach ganz in Beschlag nimmt, in denen ich reagieren muss und ganzen Einsatz leisten. Aber dann musste ich mich gedanklich auch wieder lösen, mich rückbesinnen auf mich selbst. Meine individuelle Hilfe hierfür konnte autogenes Training oder Meditation sein. Diese haben den Vorteil, dass man sie überall und für kurze Momente in den Alltag holen kann. Mitten im Familienleben, wenn es sein muss. Abschalten im stillen Kämmerlein oder ein schöner Waldspaziergang. Durchatmen und wahrnehmen, dass ich mich lösen kann, von dem, was mich belastet. Zumindest für die Kraft spendenden Momente. Damit ich ich bleiben konnte und nicht die Rolle, in die ich gerade unfreiwillig gedrängt worden war.

Das kann natürlich auch Sport sein oder ein Kinobesuch oder Freunde treffen. Jeder hat seine eigenen Möglichkeiten, sich wieder auf sich und seinen eigenen Körper besinnen zu können. Immer dann, wenn das Negative im Umgang mit dem Umhang mich zu sehr zu belasten beginnt. Dann brauche ich den positiven Ausgleich in irgendeiner Form. Aber ich muss mich zeitweilig vollständig lösen von den negativen Einflüssen. Sonst kann ich nicht ungestört auftanken.

Nun habe ich die Erfahrung gemacht, dass man natürlich nicht aus jeder Situation sich einfach mal davon schleichen konnte. Zum Beispiel das Familienleben musste auch mit einem depressiven Papa im Sessel möglichst fröhlich für die Kinder weiter gehen. Da half es mir weiter, meine Einstellung zu den belastenden Dingen zu verändern. Einen Schritt zurück zu treten gedanklich und mir zu sagen: "Nein, diese trostlose depressive Stimmung lasse ich nicht an mich ran, sie ist mir egal!" "Egal" wohlgemerkt die Stimmung, nicht Bernhard. Sich gedanklich herausziehen aus dem, was mir selbst nicht gut tut und mich mit herunter ziehen könnte. Sich loslösen davon.

"Wie soll das gehen?" werden Sie denken, ich kann nicht gleichgültig werden. Gleichgültig muss das auch nicht heißen, die Situation selbst ist mir nicht gleichgültig, aber die Wirkung, die sie auf mich haben kann, sollte unwichtiger werden. Wenn in das eine Ohr die depressive Stimmung in mich eindringt, dann muss ich durch das andere Ohr noch das schöne Vogelgezwitscher hören dürfen.

Klingt alles sehr theoretisch und nicht anwendbar. Sicher habe auch ich es nicht immer geschafft, mich einfach so zu lösen von allem. So einfältig kann man dieser heimtückischen Erkrankung nicht begegnen. Aber ich kann die zeitweise Loslösung, sei es geistig oder körperlich, als einen Gewinn in mein Leben holen und nicht als den Verlust des erkrankten Partners werten lernen. Denn es heißt gerade nicht, ich laufe weg, ich stelle mich den Problemen nicht mehr. Ich löse mich und gewinne eine gewisse Distanz, damit ich dann wieder mit neuer Kraft und etwas mehr Gelassenheit mich den Anforderungen stellen lerne. Das Lösen muss keine Einbahnstraße bedeuten.

Genauso wie ich mich aus schwierigen Situationen herausholen kann, wenn es nötig ist, so geht auch ein Loslassen von Gewohnheiten, die nicht mehr in die neue Situation passen. Ich muss nicht mit dem manischen Umhang ständig unterwegs sein, weil man eben normalerweise zusammen ausgeht. Ich darf den Depressiven auch mal allein zu Hause lassen, um alleine etwas zu unternehmen. Ich darf fröhlich sein, wenn mein Partner gerade in der Psychiatrie therapiert wird. Ich muss das sogar, um mein eigenes Seelchen nicht verkümmern zu lassen.

Ich muss mich lösen dürfen von den Erwartungen, die die Gesellschaft an mich stellt. Denn keiner weiß wirklich, wie es in mir gerade aussieht, was ich brauche, um möglichst entspannt wieder mit belastenden Dingen umzugehen.

Lösen wir uns doch "einfach" von all den Erwartungen und Ansprüchen, die in Wirklichkeit in der besonderen Situation gar nicht mehr passen. Nehmen wir uns die Freiheit, so zu reagieren und zu empfinden, wie es der Situation und uns am besten tut.

Lösen, um die Möglichkeit zu eröffnen, befreiter verbunden zu bleiben!

21. Und doch noch ein Tipp

Ich habe Ihnen nun eine Menge von unserem Weg erzählt, welche konkreten Lösungen wir in unserem Fall für manche Fragestellungen finden konnten, aber vor allem welches geänderte Verständnis und gestärkte Selbstbewusstsein in mancher Situation sehr hilfreich wurden. Ganz sicher liegt es mir fern, für Sie auch einer der Besserwisser sein zu wollen, von denen ich ehrlich gesagt, manches Mal "die Nase voll" hatte. Kannten meine wirkliche Seelenlage nicht wirklich, wollten mir aber zu Aktionen raten, die gar nicht zu mir passten. "Geh doch mal ins Kino!" Ganz ehrlich, Kinofilme haben mich schon mein Leben lang selten interessiert...

Ein kleiner Tipp liegt mir allerdings doch noch sehr am Herzen, denn ich bin davon überzeugt, dass er immer irgendwie weiterhelfen kann: Den Menschen in seiner Persönlichkeit respektvoll in den Vordergrund zu stellen. Sowohl den Menschen, der von der psychischen Erkrankung mitgenommen ist, als auch uns als seine Begleiter.

In Krankheitsphasen läuft man Gefahr Verhaltens- und Gemütsveränderungen als menschliche zu werten. Da die Krankheit dort verändert, wo man miteinander in

Kontakt tritt: die Ausstrahlung, die Gefühle, die Ausdrucksweise. Man bewertet einen fremden Menschen üblicherweise danach, wie er auf mich zugeht, ob er sich herzlich und freundlich verhält oder rücksichtslos. Mein Unterbewusstsein meldet mir, der ist mir sympathisch oder nicht. Und bei unserer psychischen Erkrankung ändern sich die Signale in zeitweise "ist mir nicht sympathisch." Nun habe ich als Angehöriger, der den Erkrankten in der Regel auch mit normalen Signalen kennt, die Möglichkeit, hier zu differenzieren. Mein Verstand kann mein Unterbewusstsein überstimmen und mir klar machen, das ist der Mensch, den ich unter normalen Bedingungen gerne mag, mir gefällt nur seine derzeitiger Umgang mit mir nicht. Ich denke, den Respekt vor seinem wahren Ich sind wir ihm schuldig.

Nun kann es natürlich Fälle geben, in denen nicht nur das Verhalten des Menschen, dem ich Respekt entgegen bringen möchte, so schwer zu ertragen ist. Dass der Mensch insgesamt sich dermaßen verändert hat, dass die Kommunikation überhaupt nicht mehr passt. Sei es als Auswirkung der Krankheit oder medikamenteninduziert. So wie das mit jedem Partner vorkommen kann: Es passt einfach nicht mehr. Dann sollte ich auch aus Respekt vor dem Anderen eine Trennung in Erwägung ziehen. Nicht dauerhaft mit einem Menschen zusammenbleiben, mit dem die Verbindung auch in den symptomlosen Phasen nicht mehr passen würde. "Ich kann ihn doch nicht im Stich lassen." Doch! Die Achtung vor ihm gebietet meiner Meinung nach auch das. Das krampfhafte Festhalten an etwas, das vom Grundgefüge nicht mehr passt, belastet beide. Den Kranken wie den Gesunden und kann einer erfolgreichen Therapie im Wege stehen. Unter dem unbewussten Druck im Umgang mit einem nicht mehr passenden Partner, kann die kranke Seele nicht genesen. Dann sollte man lieber respektvoll zumindest die Teile "freilassen", die freigelassen werden wollen.

Respekt vor dem erkrankten Menschen kann in Extremphasen sehr krasse Forderungen an mich stellen, um ihn von der Übermacht der bipolaren Störung zu befreien. Auch wenn der Umhang sich mit Händen und Füßen dagegen wehrt. Und das geht meist nur mit ärztlicher Hilfe, die die Krankheit selbst, aber ablehnen mag.

Ich habe mich oft gefragt, ob wir das Recht haben, aus einem Menschen im euphorischen Zustand, der sich ja eigentlich für ihn selbst gut anfühlen muss, ein sediertes Häufchen Elend zu machen? Inzwischen denke ich ja. Denn wenn er nicht mehr Herr seiner Sinne ist und Gefahr läuft, sich selbst, seine Beziehungen und das, was er sich mühevoll in Jahren harter Arbeit aufgebaut hat, selbst zu zerstören, dann ist es sicher richtig, befreiend auf ihn einzuwirken. Aus Respekt vor ihm selbst, vor seiner Arbeit und seinen menschlichen Beziehungen. Es ist unsere moralische Pflicht sogar und ich würde nach unseren Erfahrungen nicht zögern, in einem ähnlichen Fall die erforderlichen Maßnahmen einzuleiten.

Ich denke, wenn man alle Fragestellungen, die sich in den unterschiedlichsten Bereichen ergeben können in der Art und Weise angeht, kann man moralisch nicht viel verkehrt machen: Einen Schritt zurücktreten, um die Angelegenheit aus der nötigen Distanz zu analysieren, denn wenn ich zu nah gefühlsmäßig involviert bin, sehe ich vielleicht mehr von mir als von ihm. Die Situation auf das Wesentliche "entkernen", nicht zu sehr auf alle Wenns und Abers eingehen. Was genau ist das Problem, genau was und wie kann man nur darauf reagieren? Und dann unter der Prämisse dem beiderseitigen Respekt absoluten Vorrang zu bewahren, entscheiden. Unsere Erfahrungen zeigen, dass wir damit eigentlich nicht viel verkehrt gemacht haben und einen würdevollen Umgang mit uns selbst und der Erkrankung erreichen konnten. Wenn Sie mögen, trainieren Sie

Ihre aktiven und passiven Kräfte! Stärke und Selbstbewusstsein sind hilfreiche Begleiter auf unserem holprigen Weg.

Nachwort... und jetzt?

Über zwei Jahre liegen nun zwischen unseren extrem manischen Geschehnissen und den familiären Veränderungen der räumlichen Trennung. Wie war das jetzt, mit unseren unkonventionellen Entscheidungen, unserer besonderen Herangehensweise und dem Umgang mit der Bipo?

Ich würde es aus meiner Sicht so sehen, dass wir durch unsere Entscheidungen wie auch durch die gute Unterstützung der Ärzte und unseres vorbildlichen Betreuers, unseren Alltag in recht guten Bahnen aufgehoben wissen. Natürlich wird eine bipolare Störung niemals ihren Charakter und ihre "Cleverness" aufgeben. Immer wieder bringt sie Patienten in Bedrängnis, "willst Du wirklich an Deinen Medikamenten festhalten, die Dich manchmal benebeln, verlangsamen, Dich mit körperlichem Unwohlsein belasten, Dir vielleicht die Leistungsfähigkeit nehmen?" Hier sind wir Mitmenschen immer wieder gefragt, sehr feinfühlig unsere Antennen auszufahren, zu erspüren, könnte hier etwas schieflaufen, will die Bipo ihn wieder austricksen? Sie gibt nicht auf, es ist ein ganz typischer Verlauf, den man von ganz vielen Patienten hört. Dieses plötzlich mal wieder die Medikamente weglassen, man selbst fühlt sich wohl besser, merkt aber meist nicht, wie die eigenen Gedanken sich wieder verändern können, oft unverständlich und nicht nachvollziehbar für die Mitmenschen.

In unserem Fall denke ich, dass wir als Familie durch unsere Erfahrungen und das genaue Beobachten, sehr sensibel erfühlen gelernt haben, wenn sich etwas zu verändern beginnt und dann zusammen mit unserem Sicherheitsnetz reagieren können.

Wobei ich mittlerweile wirklich zu der Ansicht komme, dass, solange die Bipo medikamentös soweit ihrer Extremphasen beschnitten werden kann, dass sie für alle Beteiligten erträglich und ungefährlich bleibt, dann gibt es sicher keinen Grund jede kleine Stimmungsschwankung zu dramatisieren. Auch wir "Gesunden" haben mal Hochs und Tiefs, wäre langweilig, wenn nicht. Unsere Gedanken brauchen ihre Freiheit, die man ihnen lassen sollte. Auf beiden Seiten. Nur einmischen, wo es gefährlich werden könnte oder die Bipo sich verselbständigen möchte.

Unsere neue Lebensform des getrennten Wohnens lässt hier die Freiheit, diese kleinen Stimmungsschwankungen einfach geschehen zu lassen, ohne den anderen zu sehr damit zu belästigen: In der Schnittmenge leben, die gerade passt, je nach Befinden. Aber: sie ist noch da! Wir haben sie der Bipo abgerungen und darüber bin ich glücklich!

Ich denke durch das kritische Auseinandersetzen mit den Eigenarten der affektiven Störung konnten wir Klarheit in die an sich unberechenbaren Attacken bringen. Wir kennen sie nun und haben unsere Möglichkeiten gefunden mit ihr umzugehen. Und was ich als unseren ganz großen Erfolg sehe: unsere Vertrauensbasis hat alle Stürme heil überstanden. Absolut! Ich weiß weiterhin, dass ich mich auf Bernhard verlassen kann, insoweit seine Krankheitsphase ihm das erlaubt. Aber ich weiß ganz sicher, dass er es auf jeden Fall so möchte. Und ich fühle, dass Bernhard das von seiner Seite aus ähnlich sieht. Das haben wir geschafft! Unser Weg kann so verkehrt nicht gewesen sein. Unsere Notmaßnahmen haben gegriffen. Unser Respekt voreinander hat gewonnen!

Das klingt alles sehr gut. Ich weiß, dass man in Verbindung mit der bipolaren Störung niemals eine rosarote Brille aufziehen darf. Zu unberechenbar können ihre Attacken sein. Aber wir haben viele Möglichkeiten, uns ihr entgegenzustellen.

Ich danke Bernhard und meinen Kindern, meinen Alltagsengeln und allen Menschen, die uns auf unserem Weg unterstützen, dass wir das so gut hinbekommen haben und wünsche uns, dass wir weiter auf diesem Weg respektvoll verbunden bleiben!

Vom allgemeinen "Beuge-" zum individuellen "Lösungswort"?

Oder: Wie könnten wir das Schwierige, aber Verbesserbare, das uns zu lähmen sucht, wandeln in eine Basis, die uns behutsam weiter trägt?

Beugeworte:

Aggression des Umhanges

Nicht zu leistende Ansprüche und Erwartungen an mich

Ganz viele neue, unbekannte, unberechenbare Herausforderungen an uns

Situation wird von dem sozialen Umfeld falsch bewertet und eingeschätzt

Therapeuten beziehen mich ungefragt als heimischen Therapeuten mit ein und fragen nicht nach meiner Belastbarkeit

Schuldzuweisungen an mich von Seiten des Erkrankten, der Therapeuten, des sozialen Umfeldes oder von mir an den Erkrankten

Chaos in den zwischenmenschlichen und familiären Beziehungen durch die Wechselphasen

Hilflosigkeit, wie damit umgehen, ihr begegnen?

Ueberforderung auf beiden Seiten

Lasten werden mir ungefragt in den Rucksack gepackt, das Lächeln geht zeitweilig verloren

Dass wir so lange in der Unkenntnis leben, was da vor sich geht, nicht offen damit umgehen können und das in so vielen Situationen im Innern wie auch mit der Außenwelt zu Unverständnis führt

Unser individuelles Lösungswort:

Respekt als Basis für alle Fragestellungen in den Vordergrund rücken

Es geht weiter, das Positive nicht aus den Augen verlieren und wieder in unser Leben lassen

STOPP sagen lernen, wo es so nicht mehr weiter gehen darf und kann

Partnerschaft und Vertrauen bewahren, wo immer möglich, Distanz, wo und wann immer nötig

Ellenbogen und Selbstbewusstsein antrainieren, wo ich mich vor Überforderung durch Andere zur Wehr setzen muss

Krankhaftes Verhalten und Veränderung als solches abgrenzen und bewerten lernen

Tankstellen für mein eigenes Seelchen und Wohlbefinden aufsuchen

Für eine Absicherung der "vertraglichen" Verknüpfungen sorgen und die existenzielle Basis aus der Gefahrenzone nehmen

Rausgehen und einen Puffer schaffen, wo die emotionale Basis zu sehr beschossen wird, sie in Quarantäne schicken

Einen Ausgleich für mich suchen und mir bewusst Gutes tun auf einer Basis, die mich durch schwierige Zeiten tragen kann

Immer wieder den Zugang und das Vertrauen zu dem Erkrankten suchen, in schwierigen Zeiten den Betreuer als "Puffer" zur Abschirmung einsetzen

Lösen, mental und gegebenenfalls auch örtlich, aus schwierigen Situationen, um Freiraum für mich aber ganz sicher auch für den Erkrankten zu schaffen, um auf die

Bedürfnisse des eigenen Seelchens reagieren zu können, Freilassen statt Fallenlassen

Alltagsengel, Menschen und Situationen, die mich unterstützen und auftanken

Schuldzuweisungen abwehren und nicht mehr annehmen

Sich den offenen Umgang mit der Bipo, sobald man dies für erforderlich hält und dem sozialen Getratsche selbstbewusst entgegen treten

Eine amtliche Betreuung oder auch Zwangseinweisung akzeptieren, wenn es erforderlich ist, um dem Erkrankten von dem Umhang zu befreien und vor Folgeschäden zu bewahren

NEIN-Sagen lernen, wenn, wer auch immer, Ansprüche an mich oder uns stellen, die wir nicht erfüllen können und nicht zu leisten in der Lage sind

Post **S**criptum

Worin liegen die alltäglichen Kämpfchen der bipolaren Störung mit uns, wo ihre Knackpunkte, wie können wir uns positionieren und uns ihr entgegen stellen lernen? Und dabei stark bleiben, um helfen zu können?

Es wäre schön, wenn meine geschilderten persönlichen Erfahrungen durch Denkanstöße Ihren individuellen Weg hier und da erleichtern werden. Pauschale Lösungen gibt es sicher niemals.

Sicher haben Sie Verständnis dafür, dass ich hier nur unter Pseudonym auftreten kann, um die Privatsphäre der beteiligten Personen respektvoll zu schützen.

Dennoch freue ich mich natürlich über Ihre Gedanken, Ihre eigenen Erfahrungen und Anregungen zu diesem Thema.

Von Herzen alles Gute für Sie!

Maria Klausing

klausing.maria@gmx.de